Theresia Sauter-Bailliet

Matriarchale Spuren in Kolumbien

Theresia Sauter-Bailliet

Matriarchale Spuren in Kolumbien

Meine Reise zu den Tairona, den Wayuu
und dem Frauendorf Nashira

Christel
Göttert
Verlag

1. Auflage 2015
Titelgestaltung: Christine Traiser, Darmstadt
Satz und Layout: Kerstin Weber, Nauheim

© Christel Göttert Verlag
Keplerring 13, 65428 Rüsselsheim
www.christel-goettert-verlag.de

ISBN 978-3-939623-56-4

Inhaltsverzeichnis

Einleitung

Im Mai 2013 lernte ich auf Sumatra eine kolumbianische Familie kennen, die mich einlud, ihr Land zu besuchen. Kolumbien stand bis dahin nie auf meiner Reiseliste. Zu gefährlich schien mir ein Land, wo Entführungen, Drogenschmuggel und Guerillakämpfe Schlagzeilen machten. Unter Präsident Santos sei die Situation aber viel besser geworden, versicherten mir Santiago und Catalina Fuenteviva. So verschwanden meine Bedenken und die Neugierde gewann die Oberhand. Ich hatte von dem Frauendorf Nashira bei Cali gehört, das sich an matriarchalen Vorbildern orientiere; von den Nachkommen der Tairona, die in der Sierra Nevada selbstbewusst an ihrer erdverbundenen, Mutter Natur verehrenden Kultur festhielten und ihr Leben auf Harmonie zwischen der materiellen und spirituellen Welt aufbauten; von den Wayuu auf der Guajira-Halbinsel, die matrilinear organisiert seien. Da bot sich nun eine willkommene Gelegenheit, etwas von dem, was ich nur aus der Lektüre kannte, selbst zu erleben.

Seit Jahrzehnten schon reise ich durch ferne und nicht so ferne Länder, motiviert von dem Wunsch, von Kulturen zu erfahren, Menschen zu erleben, die den Horizont meines westlich geprägten Weltbildes erweitern helfen. Als Feministin interessiere ich mich vor allem für die Rolle der Frau in anderen Kulturen. Angeregt u. a. durch die Matriarchatsforscherin Heide Göttner-Abendroth verlegte ich mein Interesse zunehmend auf etwa vorhandene matriarchale Strukturen in anderen Gesellschaften.[1] Auf dieser matriarchalen Spurensuche bewege ich mich fortan.

---

[1] Für eine Definition von Matriarchat verweise ich auf die einschlägige Literatur von Heide Göttner-Abendroth.

Angesichts einer Welt, die in Gewalt zu ersticken, ja unseren Planeten zu spalten droht,[2] beschäftigt nicht nur mich die Frage: Was ist da schiefgelaufen? Aus feministischer Frauensicht erschließt sich die Welt etwas anders als durch die Männerbrille, durch die auch Frauen im Patriarchat gelernt haben zu sehen. Schon Anfang der 1970er Jahre war ich in der Frauenbewegung aktiv, begann Frauenseminare anzubieten und betrieb Frauenforschung. Die 1970er Jahre waren geprägt von einer Aufbruchsstimmung, wo Frauen anfingen, tradiertes Wissen infrage zu stellen, sich in Geschichte und Gegenwart zu positionieren. Mir ist bis heute in Erinnerung geblieben, was die französische Soziologin Evelyn Sullerot zu jener Zeit einmal in einem Vortrag in Paris, dem ich beiwohnte, sagte, dass wir alle mit einem großen Potential geboren würden, wovon das sich frei entfalten könne, was unsere Gesellschaft fördert, umso mehr, wenn diesen Eigenschaften ein hoher Stellenwert zugeschrieben wird. Der Rest des Potentials verkümmere. In meinen Augen gehören zum Letzteren die mütterlichen Werte von Hegen und Pflegen, die Bereitschaft zu friedlichem Miteinander, das sich Einfühlen in die Natur, etwas, was in unserer Gesellschaft unterbewertet, in den Privatbereich abgeschoben, oder dem wenig Prestige, schon gar nicht im staatstragenden Wertekatalog, beigemessen wird. Gerade diese bei uns vernachlässigten Werte waren in matriarchalen Kulturen gesellschaftsprägend. Dass sie vor der patriarchalen Herrschaft die Grundlagen menschlichen Zusammenlebens bildeten, dafür hat die Matriarchatsforschung inzwischen fundierte Belege geliefert, auch wenn die institutionalisierte Geschichtsschreibung in den einzelnen Disziplinen die Existenz von Matriarchaten oft abstreitet.[3]

---

2   Siehe Rosalie Bertell, *Kriegswaffe Planet Erde*. Die vollständigen bibliografischen Angaben zu diesem und zu allen weiteren zitierten Veröffentlichungen sind in den Quellenangaben nachzulesen.

3   Siehe dazu *Die Diskriminierung der Matriarchatsforschung*.

Natürlich kann keine Gesellschaft, auch nicht die unsere, ohne diese Werte, die auch Männer praktizieren können, überleben. Doch wenn sie nur als Substrat existieren und nicht in den Machtstrukturen verankert sind, festigen sie sogar das patriarchale System, das ohne sie auseinanderbrechen würde. Dieses Phänomen hatte mich später bei indigenen Stämmen, mit denen ich auf meinen Reisen in Kontakt kam, beschäftigt. Ich wurde auf Bruchstellen aufmerksam, die auf frühere Lebensweisen den Blick freigeben, oder die sich bis in die Neuzeit als Enklaven erhalten haben. Einige davon möchte ich benennen.

2002 war ich bei den Tohono O'Odham in Arizona, USA, die heute in Reservaten leben. Dort entdeckte ich ein christlich vereinnahmtes Labyrinth, festgehalten auf dem Altartuch der Kirche von San Xavier Mission, das ich als Überbleibsel einer früheren Kultur wahrgenommen habe.[4] Auf der Insel Savaii, Samoa, die ich 2003 bereiste, hat sich trotz Indoktrinierung durch die methodistische Kirche eine Clan umfassende Tradition mit einer starken Position der Frauen erhalten.[5] Im Mapuche Dorf Curarrehue in der Nähe von Pucon in Chile konnte ich mich 2006 mit indigenen Frauen unter-

---

4 Hinter der vordergründigen Bezeichnung *l'Toi* (der Mann im Labyrinth), verbirgt sich die Geschichte ihres Aufbegehrens gegen die Zerstörung ihrer Kultur, die, wie die der benachbarten Navajo und Hopi, einmal matriarchal geprägt war. Das Labyrinth versinnbildlicht den organischen Kreislauf von Geborenwerden und Sterben, also das Eingebettetsein in Mutter Erde.

5 Ich wohnte auf Tanu Beach einem heute noch praktizierten Versammlungsritual bei, wie es in matriarchalen Gesellschaften typisch zur Konsensbildung innerhalb eines Clans üblich gewesen sein musste. Es wurde eingeleitet mit dem Tanz der Königin, dem eine Begrüßung mit Trunk folgte. Allen Teilnehmenden wurde ein Holzlöffel voll Saft aus einem Gefäß verabreicht und dabei jede/jeder namentlich genannt. Solche Versammlungen ziehen sich natürlich sehr lange hin – für unsere schnelllebige Gesellschaft undenkbar. Der damaligen Königin Judy war ich lange freundschaftlich verbunden.

halten, die sich wieder zurückbesinnen auf die enge Verbindung von Küche und Mutter Erde.[6]

2007 und 2009 besuchte ich die Mosuo, ein in der chinesischen Provinz Yunnan lebendes Volk, das wegen seiner Abgeschiedenheit in einer lange Zeit unzugänglichen Gebirgslandschaft ihre matriarchale Kultur weitgehend bewahren konnte, auch wenn der tibetische Buddhismus seit dem 13. Jahrhundert seine Spuren hinterlassen hat. Weitverbreitet ist die Tradition, dass eine Matriarchin dem matrilinearen und -lokalen Clan vorsteht, Männer und Frauen frei zusammen leben (azhu-Beziehung), Kinder gemeinsam erzogen werden, Besitz gemeinsam verwaltet wird, Indizien einer egalitären, friedliebenden Gesellschaft.[7] Heute wird aber mit der Erschließung des Gebiets der Tourismus an den wunderschönen Lugu-See gelockt, was zu einem einschneidenden kulturellen Wandel führen könnte.

Auf Sumatra begleitete mich im Mai 2013 Jaka, der der Minangkabau Ethnie angehört, in mehrere Dörfer seines Stammes. Seit dem 16. Jahrhundert islamisiert, versuchen sie einen Spagat zwischen Islam und ihrer matriarchalen Adat Kultur, ein Unterfangen, das sich nur begrenzt erfolgreich erweist. Doch in der Mutterlinie steht auch noch die heutige Generation, und im ländlichen Raum führen Frauen, einer ungeschriebenen Tradition folgend, ihre die Lebenszyklen begleitenden Zeremonien durch, die in die Ursprünge – zu den Ahninnen – ihrer Kultur zurückreichen.[8]

---

6 Für uns Mapuche Frauen und Mütter, sagten sie, steht die Küche in enger Verbindung zu Mutter Erde (ñuke Mapu = Mutter Erde). Von der Frau und ihrer Küche leiteten die Mapuche ihre Ökonomie und Lebensweise ab, ihr Verhältnis zwischen den Geschlechtern und zu den Produkten der Erde und des Meeres. So erklärt sich die herausragende Rolle von Frauen in einer matriarchalen Agrargesellschaft, wo Nahrung in einem sakralen Kontext steht.

7 *Wo die freien Frauen wohnen*, ein Film von Uschi Madeisky u.a., gibt Einblick in die Mosuo Kultur, wie sie die Filmemacherinnen 2014 wahrgenommen haben. Siehe auch Yang Erche Namu, *Das Land der Töchter*.

Und jetzt öffnete Kolumbien meine Neugier. Es war mir bewusst, dass der Einblick in diese fremden Kulturen nur begrenzt sein konnte. Doch mit all meinen Erfahrungen erhoffte ich mir, entscheidende Erkenntnisse zu gewinnen.

Ich begann mich auf das Land vorzubereiten und machte mich daran, meine Reiseroute für Januar/Februar 2014 zu planen. Es war nicht einfach! Im Emailverkehr mit meinen neuen Bekannten musste ich mich mit einer mir ungewohnten Mentalität zurechtfinden, z. B. wenn ich deren wochenlange Funkstille als Rückzieher missverstand oder sie immer wieder meinen Terminplan durcheinanderbrachten. Denn die Reiseetappen hingen davon ab, ob, wann und wie lange sie mich zu sich einladen würden. Um es vorab zu sagen, es kam stets anders als geplant. Eine Herausforderung für mich, die ich meine Reisen immer lange im Voraus und bis ins Detail vorzubereiten gewohnt bin – aber auch eine heilsame Erfahrung.

---

8 Peggy Reeves Sanday hat als Ethnologin über mehrere Jahre die Minangkabau begleitet und ihre Ergebnisse in *Women at the Center* wiedergegeben. Siehe auch meine Broschüre Matriarchats-Nostalgie: Ein Besuch bei den Minangkabau auf Sumatra.

Ökospezialist Santiago auf seiner Finca La Feliza bei Medellín

Bismarck Palme (Bismarckia nobilis) auf Santiagos Finca

Wie matriarchale Strukturen zerbrechen und neue entstehen können

Wiwa und Kogi – Nachkommen einer indigenen Hochkultur in der Sierra Nevada

Kolumbien ist riesig, beinahe dreieinhalbmal so groß wie die BRD, aber mit nur 45 Millionen Einwohner/innen. Das Land wird von Süd nach Nord von drei Gebirgsketten der Anden durchzogen. Die Hauptstadt Bogotá liegt 2600 m, die zweitgrößte Stadt Medellín 2200 m hoch. Die Sierra Nevada, deren höchster gletscherbedeckter Gipfel mit 5776 m von den spanischen Eroberern in Pico Cristóbal Colón umgetauft wurde, wird von den indigenen Kogi Gonavindua, das Herz der Welt, genannt.[9] In den Ebenen und am Meer entlang herrscht jedoch tropische Hitze. Auf meiner Reise war ich einem Wechselbad von Temperaturen ausgesetzt. In der Touristenstadt Cartagena, dort, wo die Straßen sich erst mit Einbruch der Dunkelheit füllen, trotzte ich der unbarmherzigen Mittagssonne, während ich in Bogotá, wo fast täglich mit Platzregen zu rechnen ist, fröstelte.

Von meinen Bekannten in Medellín wurde ich mit offenen Armen empfangen. Santiago ist Spezialist für ökologische Landwirtschaft. Seine riesige Finca strotzt nur so von exotischer Vegetation, deren Gedeihen er sich hingabevoll widmet. Fast alles, was die Familie an Obst und Gemüse braucht, hat sie vor der Tür. Über ihren gleichgesinnten Freundeskreis bekam ich schließlich Kontakt zu Nelson Caraballo, dem Mann, der mir Zugang zu einem indigenen

---

9 Wörtlich übersetzt heißt Go-na-vin-dua »der Ort, wo alles Leben entsteht, der allen Dingen zum Leben verhilft«. Siehe Alan Ereira, »Alan's Colombia Diary«, 16.11.2014. Nach Ereira sind die Gletscher beinahe abgeschmolzen. Alle Hinweise auf und Zitate aus spanisch- und englischsprachigen Quellen sind von mir ins Deutsche übersetzt.

Stamm, den Wiwa, vermittelte. Die Wiwa, auch Asario genannt, sind einer der vier Stämme, die als Nachkommen der präkolumbianischen Tairona gelten.[10] Die Bevölkerung der Wiwa wird, zusammen mit den Kogi und Arhuaco, auf etwa 45 000 Menschen geschätzt.[11] Einer anderen Quelle zufolge sollen es nur 24 000 sein, 8 000 Arhuaco und 4 000 Wiwa, wobei die Kogi mit 12 000 die größte Gruppe bilden.[12] Alan Ereira, der zwei Filme über und mit den Kogi gedreht hat, spricht in seinem Bericht von 2007 von 5 000 Wiwa (»Report on Alan Ereira's visit«). Diese voneinander stark abweichenden Zahlen verraten, wie unzugänglich und unerforscht diese indigenen Völker heute immer noch sind. Aus seinen ethnologischen Forschungen in der Sierra leitet Gerardo Reichel-Dolmatoff ab, dass die Tairona[13] eine gemeinsame Kultur teilen, aus der sie ihre religiöse Überzeugung schöpfen, tradiert durch ihr langes Gedächtnis und ihren Mythenschatz (zit. in THT »Tribal Groups«). Sie behaupten, dass sie den alten Gesetzen treu geblieben seien, die sie auf die Große Mutter, Schöpferin allen Lebens, zurückführen und von denen sie ihr moralisches, ökologisches und spirituelles Verhalten ableiten würden.

Eigentlich hatte ich schon von Deutschland aus für die Zeit vom 26. bis 28. Januar 2014 einen Besuch bei den Kogi geplant, die vorwiegend im nördlichen und westlichen Teil der Sierra Nevada angesiedelt sind. Angela Dolmetsch, von der ich im Zusammenhang mit dem Frauendorf noch berichten werde, hatte veranlasst, dass mich

---

10 Da der vierte Stamm, die Kankuamo, sich weitgehend in die kolumbianische Gesellschaft integriert hat, sind sie für meine Untersuchung von untergeordneter Bedeutung.

11 Siehe Stephen Ferry, »Sierra Nevada Indians«.

12 Siehe Tairona Heritage Trust, »Tribal Groups«. Alle Veröffentlichungen aus der Tairona Heritage Trust Homepage werden im Folgenden im Text selbst mit der Abkürzung THT und dem z. T. abgekürzten Titel wiedergegeben.

13 Wenn ich die Kogi, Wiwa, Arhuaco einfachheitshalber unter dem Namen »Tairona« subsumiere und sie nicht immer als »Nachfahren der Tairona« bezeichne, dann deswegen, weil sie diese Bezeichnung für sich selbst beanspruchen, so in der Namensgebung ihrer Organisation Gonavindua Tairona.

der Arhuaco-Führer Kandy Maku dorthin begleiten sollte. Er hatte auch ihren Aufstieg zu den Kogi organisiert, den sie im November 2013 mit einigen anderen Frauen im Anschluss an den Matriarchatskongress in Nashira unternommen hatte. Doch der Zeitplan klappte nicht. Da bekam ich die Nachricht, Lwntana, ein Wiwa-Mann, sei bereit, mich von Cachuca aus zu seinem Stamm im Dschungel zu begleiten. Dadurch konnte ich eine lange Busstrecke von Santa Marta bis Valledupar, der Hauptstadt des Cesar Distrikts, vermeiden, und die anschließende strapaziöse Wegstrecke mit einem vierstündigen Fußmarsch am Ende, die Angela mit Kandy zurücklegen musste. Angela hatte mit mir über ihre Erfahrungen bei den Kogi gesprochen und überließ mir einige Fotos, die ich hier verwenden darf. Das meiste, was ich bis dahin über die Kogi wusste, entnahm ich Alan Ereiras Buch *The Heart of the World*.[14] Das Buch und der gleichnamige Film dokumentieren seine Erlebnisse bei den Kogi. Ereira war nach seinen eigenen Angaben der erste Ausländer, dem die Kogi erlaubten, über sie einen Film zu drehen – und damit ihre Botschaft in die Welt zu bringen. Die Kogi, schreibt er, bezeichnen sich als die »Älteren Brüder«, Hüter von Mutter Erde. Sie, die sich stets gegen Eindringlinge in ihr Territorium zur Wehr gesetzt hatten, vertrauten sich jetzt Ereira an und baten ihn, seinen Einfluss auszuüben und ihre dringende Warnung an die Außenwelt – d. h. an uns, die sie als die »Jüngeren Brüder« bezeichnen – weiterzugeben, dass wir dabei seien, unsere ganze Welt zu zerstören. (Wie wahr!) Ausbeutung, Verwüstung und Plünderung der natürlichen Ressourcen würden Mutter Erde schwächen und zu unserem Untergang führen.

---

14 Ins Deutsche übersetzt unter dem Titel: *Die großen Brüder.* Alle Hinweise auf dieses Buch entnehme ich aus der deutschen Übersetzung und füge Seitenzahlen direkt in den Text ein.

Die Tairona waren jahrhundertelang eine blühende Zivilisation, die ein großes Gebiet im Nordwesten von Kolumbien vom Meer bis hinauf in die Sierra Nevada besiedelte. Reichel-Dolmatoff schreibt in seinem Buch *Los Kogi*: »Die Mayas, die Azteken und die Inkas waren nicht die einzigen, die ein hohes kulturelles Bildungsniveau erreicht haben. Die Tayronas und ihre Erben, die Kogis, können als Teil der großen Zivilisationen des südamerikanischen Kontinents bezeichnet werden«.[15] In der Zeit zwischen 700 und 1000 nach der Zeitenwende, der Hochzeit der Tairona Kultur, waren ihre aus Stein gemeißelten Städte entstanden. Die Tairona hatten ein ausgeklügeltes Bewässerungssystem, einen dem Klima angepassten Ackerbau auf verschiedenen Höhenlagen, terrassenförmig angelegt. Der Warenhandel zwischen Fischfang am Meer und landwirtschaftlichen Produkten florierte. Alvaro Soto schreibt: »Sie arbeiteten mit der Sierra und nicht gegen sie« (THT »Agriculture«). Heute, nachdem ihnen das meiste Land weggenommen wurde, können sie sich nur noch durch beschränkten Brandrodungsackerbau mit Äckern, die oft weit auseinanderliegen, am Leben erhalten. Die inzwischen vom Dschungel überwucherte, in den 1970er Jahren wiederentdeckte Ciudad Perdida – was »verlorene Stadt« bedeutet –, das ehemals größte urbane Zentrum, mit dem alle früheren Städte zu einer Konföderation vernetzt waren, zeugt von der

Steintreppe zur Ciudad Perdida

15 Zit in Éric Julien: *Der Weg der neun Welten*, 74.

hohen Baukunst der Tairona. Heute sind nur noch die Steinalleen und die Grundrisse erhalten. Ciudad Perdida wird heute von Santa Marta aus als Touristenattraktion mit einem 5-6-tägigen (steilen, heißen, glitschigen, mosquitoreichen) Trekking angeboten. Kurze Zeit hatte ich mit diesem Abenteuer geliebäugelt, doch dann erinnerte mich mein Alter an meine Grenzen. Die Tairona selbst wollen keinen Tourismus zu ihren Dörfern. Zu schwer lastet die Erinnerung an das vergangene Unrecht, das ihnen widerfahren ist, auf ihnen. Angela schilderte, wie schwierig es war, überhaupt einen Wanderführer und die Genehmigung der Kogi zu bekommen. Außerdem mussten sie Hängematten und Proviant selbst mitnehmen, wo hingegen mir die Wiwa eine Hängematte und Essen zur Verfügung stellten.

Die spanischen Conquistadores haben die indigenen Bevölkerungen seit dem 16. Jahrhundert weitgehend dezimiert und versklavt, ihre Konföderation zerstört. Der kolumbianische Historiker und Ethnologe Ernesto Restrepo Tirado schätzte: »Wenn man die große Anzahl von Dörfern in Betracht zieht, die in der Provinz von Santa Marta existierten, oder die unzähligen Scharen, die sich unaufhörlich dem Angriff der Eroberer entgegenwarfen, und die Jahre, die dieser Kampf gegen die Conquistadores gedauert hat, glaube ich nicht zu übertreiben, wenn ich die Bevölkerungszahl auf eine halbe Million zur Zeit der Entdeckung schätze«.[16] Die genannten drei bzw. vier Tairona-Stämme mussten sich immer mehr von ihrem angestammten Gebiet zurückziehen, die Kogi bis hinauf in die hohen Regionen des Gebirges. Deren Widerstandskraft und dem Schutz, den ihnen die unwegsame Bergregion gewährte, ist es zu verdanken, dass sich ihre Kultur zum Teil in die Neuzeit hinübergerettet hat.[17] Ereira

---

16 Zit in Éric Julien, *Der Weg der neun Welten*, 80.
17 Ich werde später noch thematisieren, ob im Zuge einer zunehmenden Patriarchalisierung manches bewusst oder unbewusst geopfert worden ist.

Kogi Dorf in der Sierra Nevada

meint, dass dazu erheblich ihre bewusste Abgrenzung von der Außenwelt, von allen, die zu ihnen vorzudringen versuchten, beigetragen habe. Die Arhuaco, erzählte mir Angela, hätten Eindringlinge abgewehrt, indem sie Straßen zerstörten, die zu ihrem Stamm führten. Einmal wollte ein Gouverneur per Hubschrauber auf Stimmenfang zu ihnen kommen; er wurde gezwungen, einen Fußmarsch anzutreten. Auch der Missionierung im Gefolge der Eroberer boten sie die Stirn. Doch die Bekehrungsversuche rissen nie ab. Ihr direkter und indirekter Einfluss auf die Gesellschaft ist unübersehbar. Seit 1693 hielten sich Kapuzinermönche bei den Arhuaco auf, erst mit der Friedensbewegung 1982 wurden sie des Landes verwiesen (Wikipedia: »Arhuaco People«). Bei den Kogi gibt es eine Nonnenschule in San Antonio. Ereira war Zeuge, wie Nonnen versuchten, Unruhe zu stiften und Indigene gegeneinander auszuspielen (222-223). Und zu den Schwestern im Kinderheim in Pueblo Viejo merkt Eric Julien in *Der Weg der neun Welten* an, dass sie den Kogi die Kinder wegnehmen und ihrer Kultur entfremden. Bei diesen Schwestern hatte er übernachtet, Abendessen bekommen, und soll erst später erfahren haben, dass seine Kogi-Begleiter sich in der Küche mit einer dünnen Brühe zufrieden geben mussten (176-177).

Die Tairona halten die Erinnerung an das Leid, das ihnen zugefügt wurde, in rituellen Wiederholungen wach:
Als Kolumbus kam,
nahmen sie uns weg, was uns gehörte.
(...)
All unser heiliges Gold.
Sie hetzten Hunde auf uns und wir mussten fliehen.
(...)
Und wir rannten und ließen alles hinter uns.
Alles.
(...)
Sie stahlen unsere Seele (182).[18]

Kolumbus steht als Metapher für alle, die den Menschen und der Erde Schaden zufügen. In ihren Augen sind wir, die wir uns zivilisiert nennen, aber die Natur, also Mutter Erde, ausbeuten und zerstören, Kolumbus. Für die Tairona und ihre Nachkommen ist Mutter Erde ein lebendiger Leib, der nicht verletzt werden darf:

Die Mutter leidet.
Sie haben ihr die Zähne ausgebrochen,
die Augen ausgerissen, die Ohren abgeschnitten.
(...),
sie ist krank (290).

---

18 In leichter Abänderung aus *Die großen Brüder* zitiert.

Gold ist das Menstruationsblut von Mutter Erde. Seine Verarbeitung in ein Kunstwerk ist nicht nur ein technischer, sondern auch ein spiritueller Akt, ein Arbeiten mit der Essenz des Lebens, welche in der *Mutter* gründet. Daher die besondere Wirkung, die von dem Artefakt ausgeht und in eine bestimmte Richtung gelenkt werden kann, z. B. zur Heilung, zum Gedeihen von Pflanzen. Und dies ist immer verbunden mit Meditation, mit einem Eintauchen in die spirituelle Welt, *aluna* genannt. Das goldene Kunstwerk ist die spirituelle Kraft, es ist buchstäblich der Ruheort der *Mütter* in ihren jeweiligen Konkretisierungen, sei es in einer Frucht, einem Tier, etc. Das Artefakt wurde in Töpfe gestellt, »wohnte« in Töpfen. Die Mamas, spirituelle Führer der Kogi, halten bzw. hielten mit Weihegaben die Harmonie der Welt aufrecht – mit Weihegaben an die *Mütter*, auch an ihre in Gold gegossene spirituelle Essenz, die in den Töpfen

Museo de Oro: Goldfigur, Mädchen mit Ästen (Kämmen?)

wohnt. Diese goldenen Artefakte in ihren Töpfen wurden nicht nur mit den Toten in die Erde zurückgeführt, sondern auch an Kraftorten begraben, praktisch der Erde wiedergegeben. Von den spanischen Eroberern geraubt, von Grabräubern ausgehackt, von Archäologen in Museen gestellt: zweckentfremdet haben sie ihre Kraft verloren. Tief berührt hat mich eine Schilderung Ereiras: Als er Mama Valencia eine Goldstatuette überreichte, saß Valencia mit dem Figürchen in der Hand lange stumm da. Den Blick auf die Statuette geheftet, schüttelte er sie leicht. »Das ist etwas Verlorengegangenes (...) Es sieht genauso aus wie ein geheimgehaltenes Ding, das wir einmal besessen haben. Es sieht so aus, aber es ist nicht dasselbe Ding« (211).

In Ereiras neuem Film *Aluna* wird die Goldfigur eines Aras (ein Papagei) gezeigt, die ein Goldgräber ausgegraben hatte. Kommentar des Mama: »Diese Objekte sind für uns wie Menschen, sie zu verkaufen ähnelt einem Menschenhandel. Sie

Museo de Oro: anthropomorphe Goldfigur mit Spiralen (Ara?)

sind Teil eines Fadens, der uns mit ihnen verbindet, es sind besondere Orte, wo wir sie begraben«. Dieser Faden ist für sie von großer Bedeutung. Der Mama sagt: »Am Anfang der Zeiten legte die Mutter einen schwarzen Faden, der besondere Orte verband. Eine schwarze Linie. Der Jüngere Bruder hat viele dieser Orte zerstört. Wir wollen die schwarze Linie mit einem Goldfaden nachziehen«.[19] Ereira besorgte in England 400 km (!) Goldfaden, und damit zogen die Kogi am Fuße der Sierra Nevada entlang der schwarzen Linie, die 54 heilige Orte oder Knotenpunkte verbindet.[20] Diese Knotenpunkte werden von ihnen *asuamas* genannt. *Asuamas* spiegeln sich in *aluna*, der geistigen Welt – im Film mit wunderschönen Sequenzen vom Sternensystem darge- stellt, was keineswegs nur symbolisch gedacht ist. Ein berühmter Astronom, der in seinem Observatorium in England Mama Shibulata

---

19 Meine Übersetzung aus den englischen Untertiteln des Films.

20 Im Januar 2010 folgten 13 Kogi-, Arhuaco- und Wiwa-Mamos dieser virtuellen Linie und brachten Weihegaben an allen heiligen Stätten dar, um mit diesen Opfergaben die Welt zu harmonisieren.

und seine Tochter Francisca empfing, war überrascht, wie der Kogi im Sternensystem einen Stern erkannte, der für ihn nur mit einem Teleskop sichtbar war. In ihrer ganz anderen Zugangsweise zum Universum nehmen die Kogi das Sternensystem nicht materiell, sondern als

Museo de Oro: anthropomorphe Goldfiguren

aluna wahr, und in der universalen Verbundenheit zwischen Himmel und Erde gewinnen die Knotenpunkte wie der, an dem die Arafigur begraben lag, eine besondere Relevanz. Daran musste ich denken, als ich in Bogotá durch die Hallen des Museo de Oro, des Goldmuseums, ging – immer wieder vor und zurück. Ich kam aus dem Staunen nicht heraus, welche Schätze hier in den Kunstwerken aus Gold versammelt waren. Doch, die Gedanken von Mama Valencia weiterspinnend: Es fehlt ihnen die Seele. Indem ich mich in das hineinzuversetzen versuchte, was in den Augen der Tairona als Kunst galt, musste ich unsere westlich geprägte Vorstellung von Kunst überdenken. Ein Denkanstoß ging davon aus, den ich vertiefen wollte, wozu das, was die Tairona mit dem Goldkunstwerk verbanden, Nahrung gab: Wozu Kunst? Was bewirkt sie? Ist sie nur Selbstzweck (l'art pour l'art)? Wie verändert sie uns, wie erhebt sie uns über uns selbst hinaus? Hier kommt der Symbolwert eines Kunstwerks zum Tragen. Ein Symbol verweist auf die Realität einer Situation, die mit der menschlichen Existenz zu tun hat. Für frühere Kulturen, so auch für die Tairona, hatten Symbole immer einen religiösen Charakter, denn sie enthielten ein Muster der Welt. Und dieses Muster wurde in Ritualen aktiviert und in eine zyklische Form gebracht, z. B. in den Jahreszeitenfesten, in Feiern, die den Rhythmus der Natur und des menschlichen Lebens skandieren. Sie bildeten einen mythischen Zyklus, der die Welt und die Menschheit in Balance halten sollte. Es ist diese Harmonie, die die Mamos, die spirituellen Führer, mit den Artefakten, seien sie aus Stein oder aus Gold, und mit den Weihegaben aufrechterhalten wollen. Wie schon in neolithischen Kulturen waren und sind auch bei den Völkern der Tairona Steine lebendig, haben eine spirituelle Dimension. Auch ihnen wohnt die *Mutter*, als *Mutter* der Steine, inne.

Einen ähnlichen Gedankengang verfolgt Michael Dames mit seiner Beschreibung des Stieropfers im neolithischen Avebury, wo er über die Spannung monumentaler Kunst zwischen dem Vergänglichen und dem Bleibenden sinnierte: Nur wenn der wirkliche Stier zu sterben aufhörte (d. h. die rituelle jährliche Opferung beendet würde), würde die sakrale Skulptur (in diesem Fall das Stiermonument am West Kennet Hügelgrab) ihre Kraft verlieren. Denn, so fährt Dames fort, »von ihrer Bedeutung entblößt, verloren die Steine zuerst ihre Kraft, und schließlich, in den Augen einer neuen Generation, die früher wahrgenommene Ähnlichkeit mit einem Stier«.[21] Auf die Tairona und ihre Nachkommen übertragen: Wenn die Mamas mit

---

21 Michael Dames, *The Avebury Cycle*, 55.

23

ihren Weihegaben aufhörten, würde auch die Seele aus dem Gold und dem Stein entschwinden und er wäre nur mehr Materie. Im Stein braucht keine Nachbildung des Gemeinten eingemeißelt zu sein. Ereira gibt eine Anekdote des Anthropologen Reichel-Dolmatoff wieder, der die Kogi nach Skulpturen von Tieren fragte. Er erfuhr, es gäbe eine riesige Jaguarskulptur, allerdings vier Tageswanderungen entfernt. Sie führten ihn zu einem großen schwarzen Felsen. Das sei der Jaguar, bedeuteten die Kogi dem strapazierten, ungläubigen Anthropologen. Doch der sah nur Fels (54).[22]

All das waren aus Lektüre gewonnene Informationen und Überlegungen, die mich umtrieben, bevor ich zu den Wiwas geführt wurde. Manches musste ich danach revidieren, neu einordnen, was sich vor allem aus dem Widerspruch ergab, der mir zwischen der tief empfundenen Verehrung von Mutter Erde und dem konkreten Umgang mit dem weiblichen Geschlecht bzw. seine spärliche Einbindung in die Gestaltung und Aufrechterhaltung der Tairona-Kultur auffiel.

Am 31. Januar war es so weit. Von der Hafenstadt Santa Marta steigt das Gebirge, wie aus dem Karibischen Meer geboren, steil auf. Ich nahm ein Taxi und fuhr eineinhalb Stunden hoch in die Sierra Nevada bis Cachuca, wo mich Lwntana, mein Wiwa-Begleiter, abholte. Die Straße führte am Tairona Park vorbei, wo sich noch Wahrzeichen der einstmals blühenden Tairona Kultur befinden. Einige Kogis waren in den 1980er Jahren dorthin zurückgekehrt, wurden aber später von der Parkverwaltung vertrieben, angeblich, weil sie die archäologischen Fundstätten beschädigen würden! Doch

---

22 Möglich, dass die Kogi den Anthropologen an der Nase herumführen wollten. Doch der Fels könnte für die Kogi wirklich einen Jaguar repräsentieren, an einem Ort, den sie mit Weihegaben ehrten. »Kogi« soll übrigens »Jaguar« bedeuten.

heute, im Jahr 2014, wären sie wieder zurück, erfuhr Ereira von Mama Alejandro. Dieser Park wurde touristisch attraktiv gemacht, und da störten die Ureinwohner, Erbauer eben dieser Kultur (»Alan's Colombia Diary«, 16.11.2014). Von da bis zu dem kleinen Dörfchen Cachuca fuhr mein Taxi noch ein weites Stück in Serpentinen hoch. Dort musste der Taxifahrer mehrmals anhalten und nach Lwntana fragen. Ich hatte vermutet, er würde hier wohnen. Doch das war ein kolum-

Mein Wiwa Begleiter Lwtana kauft Proviant in Cachuca ein

bianisches Dorf. Er hatte sich von weit im Dschungel nach Cachuca aufgemacht. Wir fanden ihn schließlich vor einem Laden, wo er auf

Lwtana

mich wartete. In seiner weißen Baumwolltunika mit weiten Hosen stach er von der westlich gekleideten Dorfbevölkerung ab. Sein braun gegerbtes Gesicht, seine langen schwarzen Haare, seine gedungene Gestalt, entsprachen dem Bild, das ich aus Fotos von den Kogi hatte. Lwntana war wortkarg, kein Lächeln, kein Händedruck bei der Begegnung. Er hatte zwei Motorräder bestellt, die uns in den Dschungel zu seiner Behausung fahren sollten. Eines für mich und mein Gepäck, das ich zwischen mich und den Fahrer klemmte, eines für ihn, auf dem auch ein Jutesack voller Nahrungsmittel Platz finden musste. »Kaufst Du nichts für den Mamo?«, sprach er mich auf Spanisch an. Darauf ich: »Ja natürlich, du musst nur sagen, was.« Und so ließ er einen riesigen Sack mit Proviant füllen, der wohl Wochen reichen sollte. Der Dschungelweg war so holprig, dass ich ständig Angst hatte, mit dem Gepäck herunterzufallen. Und der letzte Teil der Strecke war so unwegsam, dass wir ihn zu Fuß zurücklegen mussten. Nach dem dichten Dschungel kamen wir in eine Lichtung mit einigen strohbedeck-

Letzte Wegstrecke vor der Hütte   *Mamo José*

ten runden Hütten. Es war also kein Dorf, die Hütten gehörten wohl alle zu der Wiwa-Familie von Lwntana. Andere Hütten mögen noch im Dschungel versteckt gewesen sein, zu denen ich aber keinen Zutritt hatte.

Wir trafen Mamo José vor seiner Hütte. Lwntana setzte sich zu ihm. Während sie sich in ihrer Sprache unterhielten und an ihrem »Poporo« lutschten, saß ich ihnen stumm gegenüber und beobachtete sie. Der Poporo, ein Symbol für Uterus und Cervix, oft als »Frau« bezeichnet, besteht aus einem Stab und einem kürbisförmigen Körper, der mit zu Pulver gemahlenen Muscheln gefüllt ist (Ereira, 120-121).

Diesen Körper »penetrieren« die Männer mit dem Stab und schlecken das Muschelpulver ab. Mit der Übergabe des Poporo wird der Jüngling zum Mann. Er soll ihm die Fähigkeit verleihen, Kinder zu zeugen und den Boden (Mutter Erde) zu bestellen. Der Muschelkalk wird mit gekauten Kokablättern im Mund vermischt. Laut dem Autor und Fotografen Stephen Ferry soll das einen leicht stimulierenden Effekt haben.

Mamo José in der Hängematte mit Poporo

Nachdem die Kokablätter von den spanischen Missionaren als teuflisches Gewächs verboten worden waren, werden sie in der Neuzeit als süchtig machende Droge bekämpft. Doch das Kokablatt allein ist noch keine Droge, dazu bedarf es eines chemischen Prozesses. Die Folgen einer Kokaphobie bekommen die Tairona zu spüren, wenn illegale Kokaplantagen in der Sierra von der Regierung mit Pflanzenvernichtungsmitteln besprüht werden.[23] Mein Bekannter Nelson erzählte mir, dass die Wiwa durch die Verbreitung der Gifte Gesundheitsschäden davontrugen. Nach Ereira gab es bei den Arhuaco Fälle von Blindheit, Krebs und Missbildungen bei Kindern (»Report on Alan Ereira's visit to the Sierra«).

---

23 Die französische Nichtregierungsorganisation Tchendukua, mitbegründet von Eric Julien, hatte 2004 Land für die Kogi gekauft, das sie »La Luna« tauften, womit sie Zugang zum Meer haben sollten. Im Juli 2004 soll dieses Gebiet von Dyncorp mit Pflanzenvernichtungsmitteln besprüht worden sein, angeblich weil dort Kokaanbau vermutet wurde. 5 Jahre habe es gedauert, um den Boden zu regenerieren. Bäche wären kontaminiert worden und ausgetrocknet, weil keine Bäume das Wasser mehr zurückhielten. Ich habe bei Eric Julien nachgefragt und er schrieb mir zurück, die Antidrogen Polizei Kolumbiens habe dieses Gebiet besprüht, obwohl es von derselben Regierung als Naturschutzgebiet deklariert worden war.

Kokasträucher sind für die indigenen Völker Lateinamerikas ein uraltes Kulturgut, und so halten sie an dieser Tradition fest. Die Blätter haben eine magisch-religiöse Bedeutung, dienen als Medium, um

Kogi Frauen pflücken Koka

mit dem Jenseits zu kommunizieren. Es ist Aufgabe der Frauen, die Kokablätter zu sammeln. Sie gebaren bzw. gebären manchmal noch ihre Kinder unter Kokasträuchern und begraben dort die Plazenta. Angela erzählte von einem Arhuaco, der bei Kapuzinermönchen zur Schule gegangen war und sich später wieder seiner Kultur angenähert hatte. Er wisse nicht, wo seine Plazenta begraben sei und das beunruhige ihn sehr. Ich leite daraus ab, dass er wieder die Verbindung zur Mutter und zu Mutter Erde, in der die Plazenta begraben wurde, herzustellen sucht, die durch seine christliche Erziehung unterbrochen wurde.[24] Für Frauen ist der Popóro, auch das Kauen von Kokablättern, in ihrer heutigen Gesellschaft tabu. Da die Blätter sehr vitaminreich, hunger- und durststillend sind, kommen sie daher nicht in den Genuss der körperlichen Energie, die die Männer mit dem Poporolutschen gewinnen. Wie bedeutungsvoll Kokablätter für die Männer sind, äußert sich in ihrer Begrüßungsgeste. Anstelle eines Händedrucks nehmen sie Kokablätter aus ihrer Mochila, der traditio-

24 Gudrun Nositschka, die Vorsitzende der Gerda-Weiler-Stiftung, klärte mich auf, dass es auch bei uns früher in Bauernfamilien üblich war, bei der Geburt eines Kindes einen Baum zu pflanzen und darunter die Plazenta zu begraben – und manche Eltern würden das heute noch machen.

nellen Umhängetasche, stecken sie in die Tasche des Begrüßten und sagen dabei fast tonlos »Möge jedes Blatt zum Segen gereichen« (Ereira 69). Doch Koka hat noch eine viel weitreichendere Bedeutung für die Kogi-Männer. Sie sagen, dass sie mit Koka zu Erwachsenen werden. Aus dem Kokakauen schöpfen sie die Kraft zur Konzentration, d.h. sie verbinden sich mit *aluna* und setzen ihre Erkenntnisse konkret um, was ich auch als Machtgewinnung bezeichnen möchte. Es entzieht sich meiner Kenntnis, ob dies der Grund ist, warum Frauen keine Kokablätter kauen (dürfen). Koka heißt in ihrer Sprache »hanio«. Im Film *Aluna*, in dem fast ausschließlich Männer zu Wort kommen, widmet Ereira eine Sequenz dem Haniobaum, der wie alles Lebendige in ihrer Kultur eine *Mutter* hat. Die Jüngeren Brüder, in diesem Fall die kolumbianischen Verantwortlichen für den Bau eines Wasserkraftwerks am Meer, berichten sie, hätten die *Mutter* des Hanio

Wiwa-Mutter mit Kindern in der Wohnhütte

zerstört, weil durch das Kraftwerk das Wasser des Flusses, das den Hanio-Standort in den Bergen nährt, abgesaugt wird. »Wenn die *Mutter* weggespült wird, werden alle Hanio sterben«.[25]

Die Erschütterungen, die die Tairona-Kultur im Laufe der Jahrhunderte erlebte, führten zu innergesellschaftlichen Veränderungen, vor allem zu einer Patriarchalisierung ihrer Gesellschaft. Dass der Mann im Mittelpunkt dieser Gesellschaft steht, glaubte ich an den zwei Tagen, die ich bei den Wiwa verbrachte – nach meiner westlich und feministisch geprägten Interpretation – deutlich verfolgen zu können. So hatten Lwntana und José Spanisch gelernt, was ihnen den Kontakt zur Außenwelt ermöglicht, aber der Mutter und ihren Töchtern vorenthalten blieb, die sich nur auf Chibwa, also in ihrer indigenen Sprache verständigen konnten. Insgesamt war das Bild, das mir diese Familie darbot, nicht gerade von Gleichheit geprägt. Dazu später noch weitere Beispiele.

Auch bei den Kogi scheint die Stellung der Frau keine gleichwertige zu sein, was meine Gespräche mit Angela ergaben, die bei ihrem Besuch ähnliche Beobachtungen bei den Kogi machte, und was mir nach meiner zweiten Lektüre von Ereiras *Die großen Brüder* nach meinem Wiwa-Besuch noch klarer wurde. Ereira spricht von einer männlichen Machtstruktur. Wörtlich heißt es: »Man hat es mit einer durch und durch patriarchalischen Machtstruktur zu tun; eine Frau könnte niemals *comisario* oder *cabo* [Sheriff oder Hilfssheriff] werden. Zwar gibt es einige wenige weibliche Mamas, doch bleiben diese zwangsläufig vom öffentlichen Leben ausgeschlossen, da das Forum der öffentlichen Wirksamkeit des Mamas das *nuhue,* das ›Welthaus‹ ist, zu dem Frauen keinen Zutritt haben. Die Frauen haben ihr eigenes Versamm-

---

25 Meine Übersetzung aus den englischen Untertiteln des Films.

lungshaus, das freilich nur ein vergrößertes Wohnhaus ist, mit einer einzigen Tür und – als beherrschendem Mittelpunkt im Innern – nur einer Feuerstelle. Hier treffen die Frauen zu Gesprächen und bisweilen auch zu gemeinsamem Kochen zusammen. Das nuhue ist ein Ort von weitaus feierlicherem Charakter, politischen und gezielten erzieherischen Aktivitäten vorbehalten« (77). Es ist, so heißt es an anderer Stelle, »ein Mehrzweckbau, teils Gerichtshof, teils Ratsgemach, teils Schlafsaal« (223). »Hier werden von den Mamas die Dorfgeschäfte abgewickelt und Unterrichtsstunden – ›Rat‹ – erteilt, in denen die Vasallen im Gehorsam gegen das Gesetz der Mutter [d. h. Mutter Erde] unterwiesen werden und dessen Sinn verstehen lernen« (76-77).[26]

Diese Machtstruktur scheint sich meines Erachtens im Laufe der Jahrhunderte nach der spanischen Eroberung verfestigt zu haben durch die permanente Aggression der kolumbianischen Siedler, der Großgrundbesitzer, durch Industrialisierung, Guerillakämpfe, Drogenmafia und Menschenrechtsverstöße der Sicherheitskräfte. Morde und Morddrohungen sind nicht selten – auch nicht bei den Wiwa, die noch im 21. Jahrhundert Vertreibung und Ermordungen erleiden müssen.[27] Doch sie haben nicht mit gleicher Münze zurückgezahlt.

---

26 Im »nuhue« sind es 2 Türen und 4 Feuer, wobei die Vier eine besondere Rolle spielt; es sind die Kardinalpunkte, die die Welt tragen (Ereira, 228). Eric Julien benutzt für »nuhue« das Wort »Kankurua«. Wenn sein Informant ihm sagt – oder Julien es so wiedergibt – dass es Kankurua für Männer und andere für Frauen gäbe (107), so muss dabei, wie oben zitiert, differenziert werden.

27 So bat Amnesty International 2013 in einer Eilaktion um die Unterstützung von Schutzmaßnahmen für den Koordinator der Menschenrechtskommission der Indigenenvereinigung »Organización Wiwa Yugumaiun Bunkuanarrua Tayrona« (OWYBT), Pedro Manuel Loperena, weil das Haus seiner Familie mit einer Granate bombardiert worden war. Die OWYBT vertritt das indigene Volk der Wiwa und untersucht Menschenrechtsverletzungen, wie z. B. die außergerichtliche Hinrichtung von 11 Angehörigen der Wiwa durch Sicherheitskräfte zwischen dem 15.2.2005 und dem 3.8.2006, oder das Massaker, bei dem im Sept. 2002 Paramilitärs und Armeeangehörige im Bezirk La Guajira 12 Angehörige der Gemeinschaft der Wiwa töteten (aufzurufen unter *Pedro Manuel Loperena, Amnesty International*). Damals wurden viele Wiwa aus einem Gebiet vertrieben, in dem mit Regierungsmitteln der Damm Besotes Reservoir gebaut werden soll (Siehe das Video »Colombia: Human Rights defenders and the Wiwa indigenous community«, aufzurufen unter *Claudia Giron and Pilar Silva, CCAJAR*).

Stephen Corry schreibt: »Die Indianer der Sierra Nevada haben eine ›Insel‹ von Recht und Frieden in einer Region aufrechterhalten, die seit Generationen in Gewalt ertrinkt«.[28]

Die Sprache der Tairona ist Chibwa, die dem Arawak zuzuordnen ist, einer umfassenden Sprachgruppe, zu der in vorkolumbianischer Zeit die in Südamerika lebende große Ethnie der Arawak zählte.[29] Der Arhuaco-Stamm bewahrt die Erinnerung an ihren Namen. Nur ein Prozent der Kogi sprechen Spanisch, bei den Wiwa und Arhuaco dürften es nicht viel mehr sein. Schulbildung im westlichen Sinne ist selten und liegt meist in kirchlicher Hand. Jugendliche, die in die Städte abgewandert sind, und die Wenigen, die ein Studium absolvierten, sind zweisprachig. Das kann zu einer Akkulturation führen, doch auch zu gemeinsamen Initiativen, um indigenes Selbstbestimmungsrecht einzufordern. Ein leuchtendes Beispiel dafür ist Ati Quigua, eine Arhuaco-Frau und Rechtsanwältin in Bogotá, Mitglied der »Confederación Indigenas Tayrona«. Sie hat die Tagung »Los Custodios de las Semillas« in Nabusimake, der Hauptstadt des Arhuaco-Stammes, organisiert, an der zur Wintersonnenwende im Dezember 2013 kolumbianische Repräsentantinnen und Repräsentanten und einige internationale Delegierte teilnahmen. Alle brachten Samen aus ihren Regionen mit und machten mit indigenen Ritualen auf die Bedeutung des Samens und Mutter Erde aufmerksam. Sie verstanden sich als Netz von Hüterinnen und Hütern des Samens und als Sprachrohr für einen Planeten frei von Chemikalien und Profitgier. Worum es geht, ist eine Wiederaneignung der Fruchtbarkeit der Erde. Ati Quigua sagte, mehr als 10 000 Jahre lang habe es auf kolumbianischem Boden eine große Biodiversität gegeben. 36 000 Arten von

---

28 Stephen Corry: »Kolumbianischer Indianer-Anführer entkommt knapp Mordanschlag«. Es handelt sich um Rogelio Mejía, einem Arhuaco Indianer.
29 Vgl. Heide Göttner-Abendroth: *Das Matriarchat*, II.2, Kap. 1.

Bohnen sollen gedeihen, wovon in den Städten nur vier Sorten bekannt seien. Ein bewegender Moment auf der Tagung soll es gewesen sein, als Tairona-Mamos den Frauen das Saatgut anvertrauten. In der Tairona-Kultur gehört das Säen und Ernten zu den weiblichen Beschäftigungen. Es heißt, so wie Frauen Leben aus ihrem Leib hervorbringen, gedeihen in ihren Händen die Früchte der Erde.[30] Es sind positive Signale, die aus dieser Samenfeier, in der sich Chibcha und Spanisch begegneten und austauschten, ausgehen. Ati Quigua hat in einer Reihe von Videos die Rechte der Natur eingefordert und an einem Referendum zu deren Verteidigung in ganz Kolumbien mitgearbeitet. In dem Video von 2010, wo sie neben dem Kogi Mamo José Gabriel steht und ihre gemeinsame Botschaft in klarem Spanisch vorträgt, sagt sie u. a.: Nicht nur Menschenrechte wären wichtig, auch die Rechte der Natur, des Wassers als lebendiges Wesen, der Erde, die unsere Mutter ist, der Tiere als Lebewesen, der Pflanzen, die uns ernähren und heilen.[31]

Doch mit der Sprache der früheren Kolonialmacht und den heutigen Nachkommen verändert sich auch die indigene Kultur. Der spanisch sprechende Lwntana, der mich zu seiner Wiwa-Familie führte, zeigte sich mir später, als ich eine Reihe von Videos aufrief, in denen er öffentlich auftritt und auf die ich noch hinweisen werde, in einem anderen Licht. Und mit ihm beende ich meine Abschweifung und kehre in seine Hütte zurück.

Lange dauerte das Gespräch der beiden Wiwa-Männer José und Lwntana, von dem ich nichts verstand und worüber sie mir auch

---

30 Aufzurufen unter *Los Custodios de las Semillas*. Angela Dolmetsch hat mir viel über diese Tagung erzählt, an der sie teilnahm.
31 Video herunterzuladen unter *Ati Quigua y el Mamu José Gabriel Alimako hablan de los Derechos de la Naturaleza*.

Mutter mit Kindern in der Wohnhütte

nichts verrieten. Ob sie wohl über mich gesprochen hatten? Denn als ich sie bat, ein Foto machen zu dürfen, winkten sie ab – später vielleicht. Wollten sie mich erst noch einschätzen? Ich zeigte Geduld. Schließlich brachte mich Lwntana zur Wohnhütte, wo sich eine junge Mutter mit ihren sieben Kindern, die selten alle anwesend waren, aufhielt. Die Frau hatte einen wehmütig-liebevollen Blick und litt an Kopfschmerzen, wie sie mir bedeutete, indem sie an ihre Stirn langte. Wir schauten uns oft an, ohne uns verständigen zu können. Gern hätte ich ihr Fragen zu ihrem alltäglichen Leben, zu ihren Kindern, gestellt. Doch da war die Sprachbarriere. Ihren Namen habe ich nicht erfahren. Auch Nelson kennt ihn nicht, er würde sie einfach »Jaba« nennen, was Mutter/Frau heißt. Die Kinder waren neugierig, fröhlich, und es machte mir Spaß, mit ihnen zu spielen. Ich hörte nie

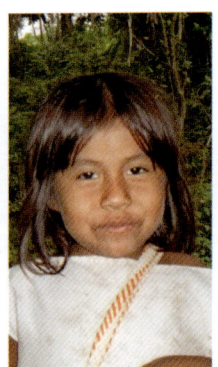
Vier der Wiwa Kinder spielen im Freien   Einzelaufnahme von zwei Kindern

Kindergeschrei, wenn sie im Freien hin und her liefen, keine Ermahnungen der Mutter. Wie von selbst wechselten sie zwischen Spiel und Arbeit. Mal häkelten sie an der Mochila, mal schabten sie Sisalblätter ab, aus deren Fasern Schnüre und andere Gegenstände hergestellt werden, oder machten für die Mutter kleine Verrichtungen. Nach Eric Julien sollen die Mochilas für diese Indigenen einen »geschlos-

Eine Tochter häkelt an der Mochila   *Ein Kind schabt Sisal Blätter ab*

senen« Raum symbolisieren und Sinnbild für Weiblichkeit und Fruchtbarkeit sein, Geografie, Tier- und Pflanzenwelt in Erinnerung bewahren, ja ihre mentale Vorstellung vom Universum wiedergeben (100). Die Wirklichkeit sieht prosaischer aus. Als ich dem Mädchen beim Häkeln zusah, hatte ich nicht das Gefühl, dass sie von dem, was sie versinnbildlichen, etwas verstand. Und die Mochilas, die ich sah, zeigten auch keine komplizierten Muster oder Abbildungen, sondern eine Reihenfolge von weißen und meist braunen Streifen.[32] Es ist die

---

32 Im Film *Aluna* sah ich nur einen Mamo, der eine etwas elaboriertere Mochila umhängen hatte. Die Mochilas werden von den Tairona praktisch immer um die Schulter wie eine Umhängetasche getragen.

Kogi Mama mit zwei Mochilas

Eine Wayuu Frau verkauft Mochilas für TouristInnen

Form der Mochilas als Behälter, also einem auszufüllenden Raum, die die Kogi Männer als weibliches Symbol verstehen. Zu Ereira, der seine Mochila auf dem Rücken, befestigt mit einem Stirnband, trug, sagten die Mamas, auf ihm würde jetzt das ganze Gewicht der Sorgen von Mutter Erde lasten. Diese Last sahen sie versinnbildlicht in der Mochila (»Alan's Colombia Diary«, 9.11.2014). Für die Mädchen und Frauen, die die Mochilas für ihre Männer häkeln, sind es Gebrauchsgegenstände, Arbeit, die in ihren Aufgabenbereich fällt. Lediglich bei touristischen Geschenkartikeln, wie ich sie auf der Einkaufspromenade in Riohacha sah, konnte ich leuchtende Farben und komplexe Muster bewundern. Über einen Vergleich, den Julien anstellte, musste ich schmunzeln. Da schreibt er: »Genau wie die Männer ununterbrochen Cocablätter kauen, weben die Frauen ununterbrochen diese Mochilas« (100). Ja, ich würde da lieber Cocablätter kauen. Und Weben lag schon bei ihren Vorfahren in den Händen der Männer, worauf ich später noch eingehen werde.

36

Hütten, in denen Mamo Josés Familie wohnt

Damit wieder zurück in den Alltag meiner Gastfamilie. Ihr wohltuendes, in sich ruhendes Leben spiegelte für mich die zivilisationsferne Dschungellandschaft, wo (noch) keine Straßen, kein Handy, kein Fernseher den natürlichen Fluss von Energie zwischen Tieren, Bäumen und Menschen stören. Allerdings war es gewöhnungsbedürftig für mich, die mir Lichtschalter und fließendes Wasser eine Selbstverständlichkeit sind, in einem Rinnsal von Wasser aus den Bergen, nur barfuß über glitschige Steine zu erreichen, Gesicht und Zähne zu reinigen. Oder nachts mit der Taschenlampe – ein von mir aus der Zivilisation mitgebrachter Gegenstand – außerhalb der Hütte meine Bedürfnisse zu befriedigen, immer in der Angst, ich möge auf keine Schlange treten.

Die einzige Wasserstelle der Wiwa Familie

Mamo Josés Tochter

Während die beiden Männer sich viel miteinander unterhielten, habe ich sie so gut wie nie mit der Frau und den Kindern reden hören. Allerdings, als Josés Tochter, die Lwntanas Schwester ist, zu Besuch kam, beherrschte diese robuste Frau die Szene und die anderen hörten ihr zu. Ereira belehrte mich in einer Email, dass Frauen in Anwesenheit von Männern, die nicht zur Familie gehören, schweigen. Und Schweigen hat in ihrer Kultur einen hohen Stellenwert, auch zwischen Müttern und Kindern, was sie gegenüber unserer geschwätzigen Welt auszeichnet. Aber hier waren ja keine fremden Männer anwesend. Ich nahm an, Lwntana sei der Ehemann und Vater der Kinder. Er schien im Alter der Mutter zu sein. Doch dann erfuhr ich, dass Frau und Kinder zum alten Mamo gehörten und Lwntana sein Sohn war. Weil die erste Frau des Mamo nach drei Geburten nicht mehr »fruchtbar« gewesen sei, hatte er sich eine zweite genommen. Das Jüngste der sieben Kinder war ein Junge zwischen ein bis zwei Jahren, den die Mutter noch stillte. Es scheint, als habe Mamo José sein Verständnis von der Fruchtbarkeit von Mutter Erde auf seine Frau – und damit auf Frauen allgemein – übertragen und sie zur Gebärerin reduziert. Hier unterscheidet er sich kaum von den Kogi, deren Frauen ständigen Schwangerschaften ausgesetzt sind.

»Mamo«[33] nennt sich der spirituelle Führer bei den Wiwa und bei den Arhuaco. Ereira benutzt in seinem Buch *Die großen Brüder* das

---

33 Bei der Wiedergabe von Mamo/Mama/Mamu halte ich mich jeweils an die Schreibweise des Originals.

Kogi Mütter mit Kindern

Wort »Mama« und behält es auch weiterhin bei. Andere Veröffent-lichungen zu den Kogi sprechen manchmal von »Mamo«, Eric Julien sogar von Mamu. Nach Nelson sollen diese Begriffe auswechselbar sein. Das Wort ist eine Übersetzung aus der indigenen Sprache. Ereira schrieb mir, das Kogi-Wort soll phonetisch ungefähr wie »Mamuwa« klingen. »Mama« wäre also die spanische Übersetzung, natürlich mit männlichem grammatischen Geschlecht (»*el* mama«). Meine Vermutung ist, dass das -*a* der spanischen und englischen Wiedergabe, im Lateinischen ein feminines Suffix bei Personenbe-zeichnungen, zum -*o*, (ein männliches Suffix) in der Vorstellung der Übersetzer aus der indigenen Sprache mutierte, weil sie dieses Wort auf Männer beziehen, die die spirituellen und führenden Funktionen innehaben, unabhängig davon, ob das Wort in der Originalsprache evtl. männliche und weibliche Mamas umfasst. Laut Ereira soll es noch einige weibliche Mamas geben, er hatte Mama Theresa Vacuna selbst kennengelernt (120). Doch weibliche Mamas seien vom öffentlichen Leben isoliert (77). Im spanischen Wikipedia-Eintrag über die Wiwa lese ich, dass »Mamo« Sonne, Großvater, Berater bedeutet, seine Frau sei »Saga« mit der Bedeutung von Mond, Großmutter, Beraterin. Beide hätten eine spirituelle Erziehung genossen, seien eingeweiht worden in die Geheimnisse des Schöpfers (im Original: »conocer sobre el Creador«, d. h. Schöpfung wird in der spanischen Wiedergabe männlich definiert), hätten die Gabe, zu heilen und Träume zu deuten, und die Aufgabe, Zeremonien und Rituale zu leiten. Nelson spricht ebenfalls von »Saga« als weiblicher Form von »Mamo« bei den Wiwa. Sie seien noch überall präsent in der Sierra, als Heilerinnen und Schamaninnen. Doch Sagas durchlaufen nicht die Bewährungsprobe, die zum Mamo befähigt und die für die weiblichen Mamas wahrscheinlich nie galt. In THT »The Kogi in the 20th century« lese ich, dass bis vor zwei, drei Generationen Mädchen auch im Sinne der Ahnen, »in the manner of the ancients«, ausgebildet wurden, dass heute aber nur noch wenige eine rudimentäre Erziehung bekommen. Die Verdrängung der Frau aus einer aktiven in eine passive Rolle ist offensichtlich. In Ereiras Buch sind Hinweise auf eine Umdeutung matriarchaler Strukturen, die auf der einen Ebene noch vorhanden, auf der anderen jedoch patriarchal vereinnahmt wurden. Da ist auf der einen Seite ihre tiefe Verehrung von Mutter Erde, ihre spirituelle Bindung an *aluna,* die geistige Welt, die mit der *Mutter* identisch ist: »*Aluna* war und ist die Mutter« (152). Auf der anderen Seite sind da die konkreten männlichen Machtstrukturen, wie ich sie bereits im Zusammenhang mit dem *nuhue* aufgezeigt habe. Ernüchternd sind die Beobachtungen, die Reichel-Dolmatoff während seiner ethnologischen Feldstudien bei den Kogi zu Frauen und Sexualität gemacht hat (»Training for the Priesthood«). Frauen, so seine Informanten, zeigten kein Interesse an metaphysischen Fragen; sie wären immer am Herd, am Essen, darauf aus, Männer zu verführen und damit die soziale Ordnung zu zerstören, würden sich nicht an sexuelle Tabus halten. Sie würden Männer davon abhalten, sich auf die moralischen Gebote zum Erhalt der Weltordnung zu konzentrieren (271). Elizabeth Todd bezieht sich auf Reichel-Domatoff, wenn sie in ihrem Artikel »The *Mamas* and the Papas« die Kluft zwischen der Kogi Spiritualität, die in einen weiblichen Kosmos eingebettet ist, und ihrer fehlenden Wertschätzung Frauen gegenüber herausstellt. Frauen seien für die Kogi-Männer qua Geschlecht unreine Wesen, und so würden sie in der ständigen Angst leben, »angesteckt« zu werden (»in constant fear of pollution«), so Reichel-Dolmatoff (270).

Diese Angst wird bereits dem angehenden Mama eingeimpft. Ereira beschreibt den Werdegang eines Mama. Die Moros, d. h. die auszubildenden (nur männlichen) Kinder, werden bei den Kogi von Geburt an bis zu neun bzw. 18 Jahren in völliger Isolierung und Dunkelheit gehalten, hoch oben in den Bergen, damit sie ganz in der geistigen Welt *aluna* aufgehen. Diese harte Schulung prädestiniert die Moros zu Mamas, den spirituellen Führern und Priestern ihrer Ethnie, deren Belange sie heute auch nach außen vertreten. Für den jungen Priester, der so lange von der Außenwelt abgeschnitten und in sexueller Askese erzogen worden war, schreibt Reichel-Dolmatoff, stellten Frauen die Hauptgefahr für das kulturelle Überleben dar. Es würde Jahre dauern, bis sie sich im täglichen Leben zurechtfinden würden (»Training for the Priesthood« 280, 283). Nelson schrieb mir, diese Tradition sei bei den Wiwa weitgehend verloren gegangen; es bestünden aber Bestrebungen, sie wieder neu zu beleben. Lwntana nennt sich selbst in seinen Videos »Mamo«, obwohl er keine Moro-Ausbildung erhalten hat. Doch sexuelle Repression scheint auch ihn geprägt zu haben, worauf ich noch zurückkommen werde. Wenn ich im Folgenden die vorbildhafte Lebensphilosophie der Kogi beschreibe – die es auch mir angetan hat – so ist jeweils die Seite, die uns Frauen betrifft, mitzubedenken.

Aluna als geistige Welt umspannt den ganzen Kosmos. Die Aufgabe des Mama, dank seiner Affinität mit *aluna,* ist es, unsere Realität, also die materielle Welt, in Einklang mit *aluna* zu bringen, die Balance zwischen dieser und unserer Welt herzustellen. Sowohl die physische Welt (unsere Realität) als auch die kosmische Intelligenz *(aluna)* werden mit der *Mutter* identifiziert, lese ich bei Ereira (162). Sie ist nicht nur Mutter Erde, sondern auch deren Schöpferin. Die *Mutter* wohnt in jedem Lebewesen, jeder Blume, jedem Stein, teilt sich in eine Vielzahl von *Müttern,* die jeweils ihre geistige Entsprechung in *aluna* haben, vielleicht vergleichbar mit dem, was wir »Seele« nennen. Wenn also die Mamas den Müttern Opfergaben in *aluna* bringen, suchen sie die Seele mit dem physischen Gegenstand zu vereinen. Und das geschieht durch einen Akt vollkommener Konzentration. Diese für frühere Kulturen wohl typische Zusammenschau scheint von unserem modernen Wissenschaftsverständnis ihrer Substanz beraubt worden zu sein. Unsere wissenschaftliche Weltsicht hat sich von einer höheren Realität, wie sie *aluna* darstellt, verabschiedet. Was zählt, ist, ob etwas funktioniert, nicht ob es Sinn macht. Doch für die Kogi münden diese kurzsichtigen Erfolge letztendlich in eine Katastrophe. Mama Valencia befürchtet laut Ereira, dass die Opfergaben bei den *Müttern* nicht mehr ankommen. Zu sehr sei die Erde bereits zerstört, ihr Leib verstümmelt worden (211). Mama Valencia erinnert sich wohl noch an eine Zeit, die er selbst erlebt oder von der er gehört hat, wo Menschen telepathisch kommunizieren konnten, eine Fähigkeit, die zum matriarchalen Kosmos gehört. So sieht Peggy Reeves Sanday *(Women at the Center)* diese Fähigkeit in der matrizentrischen Philosophie der Minangkabau auf Sumatra verankert. Sie berichtet von Datuk Nunang, der noch über *ilmu gaib,* dem magischen Wissen verfügt, seine Seele hinaus- und zurückholen, mit Pflanzen sprechen kann, die ihm antworten (90). Ähnliches kann Mama Valencia gemeint haben, wenn er sagt, die Opfergaben würden bei den *Müttern* nicht mehr ankommen.

Die *Mütter* haben sich zurückgezogen. Doch haben sie sich nicht auch zurückgezogen, weil sie sich nicht mehr durch die irdischen Mütter repräsentiert fühlen? Die Kogi sagten zu Ereira, dass Frauen Mutter Natur repräsentieren, durch ihr bloßes Frausein (124). Auch Angela Dolmetsch hat die Kogi danach befragt und dasselbe zur Antwort bekommen.[34] Entspricht das nicht unserer patriarchalen Tradition, wo Frauen mit Natur, Männer mit Kultur assoziiert werden bzw. wurden? Denn unter Kultur verstehen wir das, »was der Mensch geschaffen hat, was also nicht naturgegeben ist«. Es sind »Formen der Lebensäußerungen der Menschheit, mit denen diese die eigene Umwelt hervorbringt«.[35] Ereira fragte die Kogi, sie möchten ihm doch erklären, wie sie wissen, was sie wissen. Dies geschähe in zweierlei Weise, sagten sie, einmal durch die Weitergabe von Wissen in der Ausbildung des Moro zum Mama, zum anderen im *nuhue,* dem Zeremonialhaus (223). Nun ist dieses Wissen bei den Tairona eng verbunden mit Mutter Erde, die zu ihnen spricht, d.h. sie treten in einen Dialog mit ihr ein, während für unsere westliche Welt die Natur manipulierbare Materie und unsere Wissensgewinnung linear, also weg von der Natur, ausgerichtet ist. Für die Tairona ist das *nuhue* ein Abbild der Natur selbst, z.B. eines Berges, der von der *Mutter* in ihre Obhut gegeben wurde, oder von Wasser, das nicht einfach eine

---

34 Angela Dolmetsch, Gründerin von Nashira, die dieses Frauendorf nach matriarchalen Werten ausrichten will, versprach sich von der Lebensweise der Kogi-Frauen Anregungen für ihr Projekt.

35 *Meyers Grosses Taschenlexikon,* Eintrag »Kultur«.

Flüssigkeit ist, sondern der »uranfängliche Geist-See, aus dem wir kommen« (225). Doch wie spricht Mutter Erde zu ihnen? Auch wenn die Tairona eine ganz andere Kulturgeschichte und Kosmologie, nämlich eine zyklische, aufweisen, müssen auch sie die Natur, ihre Mutter Erde, interpretieren. Da die Moros männlichen Geschlechts sind und das *nuhue* eine Männerdomäne ist, halte ich die Frage für berechtigt, wie denn die Frauen bei den Tairona als Menschen ihren Beitrag zur Wissensschöpfung und Naturinterpretation einbringen.

Um dieser Frage nachzugehen, muss ich etwas ausholen. In der traditionellen, früher matriarchalen Kultur muss die Verbindung der Frau/Mutter zu Mutter Erde eine enge, eine Art symbiotische gewesen sein, begründet in der Frau, die wie die Erde Leben hervorbringen kann und daher in ihrer Kosmologie auch als Schöpferin des Universums galt. Daher die hohe Achtung, die ihr entgegen gebracht wurde bzw. wird. Diese Achtung spricht aus der Bemerkung, die ein Kogi Ereira gegenüber machte: »Zuerst erteilte die Mutter den Männern Rat. Sie gab ihnen Unterricht. Deshalb sollen wir, wenn eine Frau zu uns spricht, auf ihre Füße niedersehen. Es schickt sich nicht, der Mutter ins Gesicht zu sehen« (177). In der englischen Originalversion ist »Mother« beide Male groß geschrieben. D. h., dass hier einmal die Mutter als Mutter Erde und dann als Person angesprochen wird, also die Verbindung der beiden in der Vorstellung präsent ist. Die Mutter, als Repräsentantin von Mutter Erde, hatte in matriarchalen Gesellschaften den Männern Rat gegeben. Dies klingt bei Theresa Vacuna, der weiblichen Mama, an, wenn sie sagt: »Auch ich kann den Poporo verleihen. (...) Wie die Mutter dem Mann erstmals den Poporo verlieh, so tue heute auch ich es« (Ereira 120). Die Mutter, die erstmals den Poporo verlieh, war Mutter Erde, und als ihre Stellvertreterin hat die Frau diese Funktion in der konkreten Welt eingenommen. Es hört sich wie eine Herausforderung von

Theresa Vacuna an, wenn sie behauptet, auch sie könne den Poporo verleihen. Denn in der aktuellen Kogi-Wirklichkeit kann nur ein männlicher Mama heute den Poporo, Sinnbild für Uterus und Cervix, an den Jüngling bei dessen Erlangung der Geschlechts- reife überreichen. Es ist seine Ini- tiation ins Erwachsenenleben, wo er dann ständig am Poporo lut- schen wird. Der Mama fordert

Poporo

den Jüngling auf: »Also los jetzt, iß deinen Poporo (...).Überlege dir, wo die Mütter sind, denk an die Mütter. (...).Du mußt in *aluna* um deinen Poporo bitten, bitte die Mütter, daß sie dir in *aluna* deinen Poporo und den Stab dazu geben« (Ereira 121). Die Funktion der irdi- schen Mutter hat jetzt der Mann als Stellvertreter der *Mutter* über- nommen. Eine tiefgreifende Veränderung.

In matriarchalen Kulturen spielten Frauen in Riten und Religion, also der symbolischen Ordnung, eine wichtige Rolle. Das lässt sich auf eine Anmerkung von Mama Theresa Vacuna übertragen: »Die Mutter gab uns auch das Feuer. Und wir haben nicht vergessen, wie man Feuer macht, und nicht, den Segen über es zu sprechen. (...) Die Mutter gab uns alle Pflanzen und die Vögel, und deshalb muß ich über alles das den Segen sprechen. So, wie die Mutter es uns ge- heißen hat« (120). Ereira schreibt diese Funktion den Sagas zu. Im Film *Aluna* gäbe es eine Szene mit drei Sagas, vor denen Mama Pedro Juan eine Rede hält. Die Sagas und der Mama hätten simultan wie in einem Chor gesprochen und die *Mutter* um Autorisierung für den Film befragt (persönliche Korrespondenz). Diese für den Film gestellte Szene wird in das Video-Interview von Ereira mit Mama Jacinto Zarabata eingeblendet und von Ereira kommentiert. Er stellt die Sagas als Stimme des Berges, als Stimme der Erde vor. Und es wäre die Autorität ihrer Stimmen, auf die man höre, weil die Erde selbst durch sie spräche. Sie wären die *Mutter*.[36] Auch für die Minangkabau wären, so Reeves Sanday, Zeremonien ein unabdingbarer Bestandteil des gesellschaftlichen Lebens in den Dörfern, ohne sie könnte keine Hochzeit gefeiert, kein Haus gebaut werden. Sie gehörten zum ewigen, unverrückbaren Kreislauf des Lebens, ohne die es nicht funktionieren würde, und den aufrechtzuerhalten in den Händen der Frauen läge (81-82). Doch wie bei den Minangkabau scheint auch bei den Kogi eine Verlagerung dieser Autorität stattzufinden, bei den Kogi in Richtung der Mamas.

Das wird deutlich, wenn wir dieser Szene im Film *Aluna* eine andere, nämlich die Orakelbefragung, gegenüberstellen. Ein Mama wirft in eine Wasserschale einen ganz spezifischen Stein, und aus den Wasserblasen, die sich bilden, liest der Mama das Orakel ab, d. h. er erwartet die Antwort der *Mutter*. Wollt Ihr uns helfen, sagt die *Mutter* zu ihm durch das Medium Wasser, oder wollt Ihr nur fotografieren? Durch dieses Medium bekommt der Mama die Genehmigung direkt von der *Mutter* (aus *Aluna*, meine Übersetzung). Diese Wahrsageprozedur, heißt es in *Die großen Brüder*, sei »eine Transaktion zwischen Mensch, materieller Welt, und *aluna*« (245). Wahrscheinlich haben die Sagas die Genehmigung zum Filmen nur bestätigt. Die eigentliche Genehmigung geht über das Orakel, und nur Mamas können Orakel befragen. Matriarchal wäre dies Aufgabe der Priesterin. Auch die Weihegaben an die *Mütter* werden von den Mamas niedergelegt. Ereira ⁻hreibt, dies wäre »Teil des endlosen Reigens von Opfergängen, den

ınterzuladen unter Supreme Master TV, *The Way and Message of the Kogi People of Colombia*.

die Mamas zwischen allen Ecken und Enden der Sierra aufführen, um die Harmonie der Welt zu stiften«. Die Weihegaben für die *Mütter* wären »symbolische Unterpfänder, die in aluna mit Speise und Trank eingelöst« werden (210). Und wie wirken die Frauen bei diesen Ritualen mit? Ein Mama wäre auf seine Frau angewiesen bei der Vorbereitung der Weihegaben, antwortete mir Ereira auf meine Frage.

Aus all dem vermute ich, dass die Beteiligung von Frauen an der Stiftung von Harmonie im Laufe der Zeit einen anderen Stellenwert bekam. Auch Eric Julien spricht von Harmonie im Zusammenleben der Kogi. Um einen Entschluss über seine Anwesenheit und den Kauf von Land zu fassen, hätten sich Frauen und Männer zuerst getrennt versammelt »um die möglichen Lösungen und Konsequenzen für die Gemeinschaft abzuwägen«. »Eine seltsame Alchemie«, schwärmt er, »die diesen Männern und Frauen erlaubt, sich miteinander zu verbinden und jedes Ereignis, jede Frage im tiefsten Sinne ihres Lebens, d. h. mit dem Gleichgewicht selbst, zu verbinden« (152-153). Doch was hat es zu besagen, dass diese Aussprache meistens »in der Dunkelheit einer Kankurua« stattfindet (152), also im *nuhue*, wo sich nur Männer versammeln und die Diskussion sich über Tage hinziehen kann? Frauen, die sich um Kinder und Essen kümmern müssen, können dies schwerlich so lange und noch nachts durchhalten. Ereira gibt uns einen etwas anderen Einblick in das Zusammenspiel von Mann und Frau. Er sagt, wenn die Männer nach einer nachtlangen Versammlung im *nuhue* dann zuhause ihren Frauen erzählten, was beschlossen wurde und die damit nicht einverstanden wären, könne es vorkommen, dass sie am nächsten Tag ein bisschen verlegen eine andere Lösung vorschlügen. »Im Grundsatz freilich treffen die Männer die Entscheidungen« (119). In der von Julien berichteten Anekdote ist es ein Greis, vielleicht ein Mamo, von dem anzunehmen ist, dass er in der Kankurua mitdiskutiert hat, der schließlich den Konsens preisgibt und durch ein »Wir« ausdrückt (153). Danach wäre der Augenblick der Weissagung gekommen. Frauen und Männer hätten sich tagsüber für das Ritual auf heiligen Hügeln und Stätten getroffen (154). Julien erläutert es nicht, aber ich könnte mir denken, dass dieses Ritual ähnlich wie das für die Dreharbeit von *Aluna* vor sich ging, unter Einbezug von Sagas. Und das würde die Sagas in der Tat symbolisch einbinden in das Zusammenspiel männlicher und weiblicher Kräfte. Von Symbolen heißt es, dass sie ihre Wirkung durch Wiederholung gewinnen und dadurch eine sinnstiftende Funktion haben.

Alan Ereira und Eric Julien hatten nicht vor, die Situation der Frau und der Frau im Verhältnis zu Mutter Erde aufzuzeigen. Sie waren und sind fasziniert von der Art und Weise, wie die Tairona es fertig brachten, jahrhundertelang im Einklang mit der Natur zu leben, etwas, was uns alle, Männer und Frauen, bewegt. Und diese Faszination hat auch andere ergriffen. Da gibt es die einen, die, wie Julien – für den die Begegnung mit den Kogi und Arhuaco einen Lebenswandel ausgelöst hat – ein Verlangen nach Ausgeglichenheit und Harmonie beflügelt. Andere sind auf Identitätssuche und glauben, in der Kogi Philosophie eine Heilung ihrer kranken Seele finden zu können. Julien schreibt, dass er vielen von ihnen begegnet sei (266). Wieder andere würden die Ängste von Menschen ausnutzen (274). Ich musste an den Fernsehkanal Supreme Master TV denken, bei dem ich den Verdacht habe, dass dort ein New Age Trend vermarktet wird.[37] Ich wunderte mich, warum Ereira sein Interview mit Jacinto Zarabata dort filmen ließ. Er gäbe zu, dass ihm Supreme Master TV auch suspekt sei, so in seiner Email. Oliver Driver, der u. a. Kurse in Schamanismus anbietet, betitelt einen seiner Artikel mit »Don't meet the Kogi!« und stimuliert natür-

---

[37] aufzurufen unter Supreme Master TV, *Die Lebensart und Botschaft der Kogi Indianer Kolumbiens.*

lich dadurch das Interesse an ihnen. Die Kogi kämen sogar zu ihm, brüstet er sich. Er hat den Kogi Hilfe bei der Kaffee-Vermarktung angeboten und vertreibt jetzt werbeträchtig Urwaldkaffee.[38] Das Geschäft mit den Kogi hat auch die Tourismusbranche entdeckt. Im Internet locken Angebote abenteuerlustige junge Leute in die Sierra und machen auf die fremdartigen Indigenen neugierig.[39] Innerhalb kurzer Zeit ist also eine Bevölkerung, die sich bewusst abschottete, in die öffentliche Aufmerksamkeit getreten. Mit welchen Folgen?

Mit der Gründung von Gonavindua Tairona 1987 wurde eine Richtungsänderung im Selbstverständnis der Tairona eingeläutet, die weitreichende Folgen hat. Auch die Tairona bekamen die Globalisierung der Welt in ihrem Rückzugsgebiet in der Sierra zu spüren. Die Mamos der jüngeren Generation entschieden, dass politische Macht ihrer Isolation vorzuziehen sei und so gründeten diese Vertreter der Kogi, Arhuaco und Wiwa eine politische Organisation, die sich der westlichen Welt öffnet mit dem Ziel, so besser ihre indigene Kultur, ihren Glauben, ihre Umwelt schützen zu können. Es ist dieser Öffnung zu verdanken, dass Ereira 1988 die Erlaubnis bekam, einen Film bei den Kogi zu drehen. Das Ziel von Gonavindua Tairona entspricht dem der indigenen Völkerrechtsbewegung in ganz Lateinamerika, die sich für die Anerkennung ihrer Kultur und ihrer Rechte stark macht (THT »Threats to Kogi society, and their response – the founding of Gonavindua Tairona«). Ein solcher Schritt war wohl unausweichlich. Doch damit haben sie ihre zyklische, in sich ruhende Weltordnung der westlich-historischen geöffnet. Die Bemerkung von Ramón Ereira gegenüber über die »Einsamkeit der Mamas, ihr

38 Veröffentlichungen und Videos von Oliver Driver sind unter seinem Namen im Internet aufzurufen.

39 Wir haben es heute mit einer Proliferation von Videos, die jeder/jede ins Netz stellen kann, zu tun.

Gefühl, die letzten Überlebenden zu sein« (104), könnte als Indiz dafür gewertet werden, wie einige ältere Mamas diesen Umbruch wahrnehmen. Tairona Mamos haben sich inzwischen in der Welt sichtbar gemacht, nicht nur, um ihre Rechte einzufordern, sondern auch, um die Botschaft von Mutter Erde in die Welt zu tragen. Und sie verlangen unsere aktive Mitarbeit. Ereira nahm ihre Botschaft ernst, nämlich *Aluna,* den Film, den sie als die Stimme der Erde verstehen, global zu verbreiten (»Alan's Colombia Diary«, Eintrag 11. und 12.11.2014).

Mein Gepäckbündel war in der Schlafhütte, wo ich bei Einbruch der Dunkelheit zu der Hängematte geführt wurde, die mein Schlaflager sein sollte. Sie gehörte wohl einer der Töchter, die dafür in die Wohnhütte übersiedeln musste. Da die Hängematte schief hing und gegen Säcke stieß, drohte ich nachts mehrmals herauszupurzeln. Dies und die Kälte erlaubten mir wenig Schlaf. Die Mutter und die anderen Töchter nahmen ihre eigenen, eng aneinander gereihten

 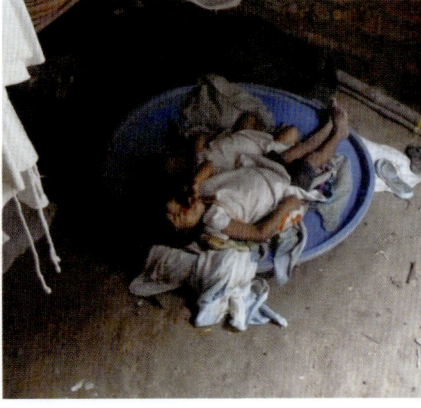

Schlafhütte, meine Hängematte
für die Nacht

Die Kleinsten schlafen in einer Schale
auf dem Lehmboden

Hängematten in der Schlafhütte ein. Der jüngste Bub und sein Schwesterchen schliefen sternförmig in einer großen Schale auf dem Lehmboden. Die Schlafhütte war nur für Frauen. Die beiden Männer hatten ihre eigene Hütte. Diese Trennung der Geschlechter findet Reichel-Dolmatoff auch bei den Kogi. Er schreibt: »Die Familiengesetze der Kogi erfordern, dass Männer und Frauen getrennt leben«

Die Mutter beim Kochen

(»Die Kogi in Kolumbien«, 170). Tagsüber verbrachte der Mamo mit seinem Poporo viel Zeit in der Wohnhütte, meist in der Hängematte, wo auch zeitweilig Lwntana dazukam und mit ihm redete. Auch die Mutter ruhte sich öfters aus, aber auf dem Lehmboden, nicht in einer

Hängematte. Den Rest der Zeit verbrachte sie mit Zubereiten von Essen, das sie in einem Kessel auf dem Holzfeuer in der Mitte der Hütte kochte. Über dem Feuer wurde ein Iguana geräuchert. Der Rauch entwich seitlich durch die offenen Wände. Zum Essen bekam ich vorab Erbsen mit gekochten Bananen. Das Essen der Familie bestand aus Reis mit Maniok und Soße. Zuerst wurden die beiden Männer bedient. Als sie den Kessel halb leer gegessen hatten, durfte die Mutter mit ihren sieben Kindern den Rest verzehren.

Geräucherter Iguana wird gekocht

Das Ideal einer auf Harmonie gebauten Welt, einer den Kosmos umspannenden Spiritualität, verankert in *aluna,* der *Mutter* – das war es, was mich an der Weltsicht der Kogi begeisterte, die mir Ereira nahebrachte. Auch war ich angetan von dieser weltimmanenten Spiritualität, die meinen Vorstellungen entgegenkommt. Der Schriftsteller Ulrich Woelk, selbst Physiker, spielt in seinem Roman *Schrödingers Schlafzimmer* mit der quantenphysikalischen Idee, dass Materie eine Verdichtung von Möglichkeiten sei, dass alles zwei Seiten habe, eine energetische und eine materielle. Leuchtet hier etwas in säkularisierter Form auf, was die Kogi mit *aluna* verbinden?[40] Auch faktisch wissen wir heute, dass alles Leben durch elektromagnetische Frequenzen zusammengehalten wird, und dass eine Störung dieses Gleichgewichts z. B. durch die Mobilfunktechnologie, die ganze Welt bedroht. Diese Technologie ist auch in die Sierra eingedrungen: Ein US-Militärstützpunkt hat von einem Gipfel Besitz genommen, der jetzt den Namen »Cerro Kennedy Military Base« trägt und mit seinen Radar- und Mobilfunkanlagen prominent im Film *Aluna* zu sehen ist. Doch die Mobilfunk-Technik benutzen die Tairona zunehmend auch selbst, indem sie »verschiedene transnationale Netze zum Austausch und zur Unterstützung bei Land-, Umwelt- und Kulturfragen« schaffen (Goethe-Institut, *Indigene Völker*). Dass Mobilfunk nicht nur Menschen, sondern auch die Fauna und Flora krank macht, ist inzwischen hinreichend belegt.[41] Ein Beispiel, wie die Berührung mit der westlichen Welt den Tairona schaden kann.

Während in unserer westlichen Welt sowohl die Verehrung der Natur als lebendiges mütterliches Wesen einer transzendentalen

---

40 Es geht mir hier nur um diese Formulierungen, nicht um den Kontext, in den Woelk sie in seinem Roman stellt.

41 Siehe Veröffentlichungen von Diagnose Funk, Kompetenz-Initiative, um nur einige zu nennen.

patriarchalen Religion weichen musste, als auch die Frau als Mensch diesem patriarchalen System unterworfen wurde, sind die Tairona trotz Bekehrungsversuchen seit den spanischen Eroberern ihrem Glauben an Mutter Erde treu geblieben. Doch aus Schöpfungsmythen, die Ereira wiedergibt, lassen sich Umdeutungen in Richtung Patriarchalisierung erkennen. Ereira sieht Ähnlichkeiten zwischen der biblischen Schöpfungsgeschichte und der der Kogi und vermutet hier einen Einfluss der Missionare (156). Während in der Bibel Adam und Eva aus dem Paradies vertrieben wurden, verloren die »Jüngeren Brüder« – und das sind wir – das Paradies, weil wir die Gesetze der *Mutter* missachteten. Die *Mutter*, sagen die Kogi, lehrte uns, wie wir in Frieden leben und unsere Felder bestellen sollen. Wir, die Älteren Brüder, besiedelten die Sierra bis hinunter zum Meer, sagen sie, und wir haben nichts zerstört. Selbstbewusstsein kommt hier zum Ausdruck, betrachten sich die Kogi doch als die »Hüter« des Lebens.

Die Verlagerung der Führungsrolle in männliche Hände ist in die Schöpfungsgeschichte der Kogi eingegangen. Da war zwar zuerst die Muttergöttin, Ursprung allen Lebens. Sie schuf das kosmische Ei, aus dem das Universum und die Menschheit hervorging (Wikipedia: »Kogi People«). Doch dann gebar sie einen Sohn, Seranka, und es ist Seranka, der in der Version, die Ereira wiedergibt, die Menschen erschuf (154). Aus matriarchaler Sicht wird dieser Schöpfungsakt der Muttergöttin zugesprochen, durch sie werden männliche Menschen in Führungsrollen eingeweiht, nachdem ihre rohe physische Energie gezähmt wurde und sie »mannesreif« geworden sind. Als irdische Vertreterinnen der Muttergöttin obliegt diese Erziehung den Müttern. In der Schöpfungsgeschichte der Kogi hingegen zeigt sich eine schleichende Abnahme der Bedeutung der Mutter – der geistigen und in Analogie der irdischen. Trickreich, durch Ausspionieren, eignen sich Männer – in *aluna*, also der geistigen Welt – die Webkunst an, die einst in den Händen der *Mutter* lag. Die Geistmänner hätten die Gedankenmauer durchbohrt, hinter der die Mutter verborgen ist, heißt es. Dadurch sei die Welt aus der Balance geraten, und mit der Weberei der *Mutter* klappe es nicht mehr so recht (Ereira 127-128). Das bedeutet, bereits die »Älteren Brüder« haben ihre Macht missbraucht. Die Webkunst liegt heute – in der konkreten Welt – in den Händen der Männer, genauso wie das Töpfern. Frauen hingegen spinnen die Baumwolle. Sie sind im Besitz der Spindel. Spinnen ist eng mit Frauen verbunden. Aus Schöpfungsgeschichten wissen wir, dass sie es sind, die den Lebensfaden spinnen, den die Göttin in Händen hält. Im Film *Aluna* wird an diese mythische Rolle der Frau in Gestalt Franciscas erinnert, die konkret als Person und überhöht als Schöpfergöttin den Faden abspult, der *aluna* mit der Welt und uns Menschen verbindet. Eine Aufteilung in weiblich und männlich, sowohl im mythischen als auch im konkreten Bereich, durchziehe ihre ganze Kultur, solle für Harmonie und Balance sorgen, sei in ihrer Sprache verankert, schrieb mir Ereira. Die Männer bearbeiten den Boden – wir haben es mit einer Agrargesellschaft zu tun – die Frauen säen und ernten. Es wird gesagt, dass Frauen, die Leben hervorbringen, auch Einfluss auf das Gedeihen der Pflanzen haben. Keine Brücke, keine Hütte kann gebaut werden, ohne dass das weiblich-männliche Prinzip zum Tragen kommt, und dieser Dualismus durchzieht auch Landschaften. Selbst der Lauf der Sonne halbiert den Himmel in eine weibliche und eine männliche Hälfte. Wir können also sagen, dass ihre ganze Welt erotisiert ist. Allerdings vorwiegend zugunsten der Männer, wie sich am Zeremonialhaus oder -tempel, dem *nuhue*, illustrieren lässt. Das *nuhue* wird als Mutterleib imaginiert,[42] in Analogie zur Erde, zum Grab, wo sich, wie in Avebury, eine matriarchale Spiritualität eingeschrieben hat. Der obere

---

42 Siehe Reichel-Dolmatoff, »Die Kogi in Kolumbien«, 173.

Teil des *nuhue* ist die Vagina. Die Mamas stellen dort Töpfe hin, die Samen bedeuten, der den Mutterleib befruchten soll. Die Hängematten sollen die Plazenta sein. Die Mamas schnüren die Fäden, die von der Decke hängen und die Nabelschnur repräsentieren, und mit dieser »Nabelschnur« saugen sie die Weisheit der *Mutter* ein. Angeführt vom Mamo reden die Männer dort auch über ihre Mythen, ihre Genealogie, begleitet von zeremoniellem Gesang (THT »The Nuhue – the ›world house‹, ›men's house‹ or temple«). Bei diesen oft nächtelangen Gesprächen haben sie wohl im Laufe der Zeit ihre eigenen Vorstellungen von der Welt in ihre Schöpfungsgeschichte eingebracht – und sie verändert.

1998 kamen die vorsitzenden Mamos von Gonavindua Tairona zusammen, um die Vision der Tairona seit ihrem Ursprung aufzuarbeiten, auf die ihre Kultur aufbaut. Der berühmte Anthropologe Reichel-Dolmatoff, der seit den 1940er Jahren die Tairona-Kultur erforschte und auf den sich auch Ereira stützt, hatte noch vom »Gesetz der Mutter« gesprochen, vom kosmischen Ei der Muttergöttin (THT »Kogi Religion and Cosmology«). In einem Bericht über die Frau in der Kogi-Gesellschaft heißt sie Gaulcovang, die Schöpferin allen Lebens, auch »Spider Woman« (Spinnenfrau) genannt. »Die Mutter war, als sie war, Geist«, sie war *aluna* (THT »Women in Kogi Society«). Sie brachte durch einen Denkakt die Dinge ins Leben. Sie war die unsichtbare Kraft, die in Urzeiten über den Wassern schwebte. Alles was ist, wurde aus ihr geboren und wird in sie zurückkehren. So wurde noch vor kurzem die Schöpfungsgeschichte der Tairona erzählt – die Schöpferin bestimmt als Handelnde die Geschicke. War schon zuvor an dieser Schöpfungsgeschichte immer wieder herummanipuliert worden, weil Männer sich Macht aneignen wollen, ist das, was die Mamos von Gonavindua Tairona in die Schöpfungsgeschichte hineindichteten, eine komplette Abkehr von der Göttin (THT »Spirituality and Materiality«). Da heißt es: Der Ursprung von allem ist Sé. Das Urgesetz, die Urprinzipien sind Sé. Sé wird in der englischen Übersetzung als »It«, d. h. »Es«, demnach als geschlechtslos gehandelt, und diesem Es wird zugeschrieben, was vorher zur Göttin gehörte. Sé ähnelt dem patriarchalen Gott: *Es* hat die ultimative Macht über die Welt, *Es* verlangt Gehorsam. Wenn das Gesetz nicht befolgt wird, kann Sé die Welt zerstören. Und dann werden in den Ausführungen der Mamos zwölf Punkte aufgelistet, die an die Zehn Gebote erinnern, z. B.: keine andere Frau begehren. Dass hier ein männliches Subjekt spricht, zeigt auch das folgende Gebot: Du sollst keine Frauen, Geld, Feldprodukte, stehlen. Die ersten spirituellen Eltern – ohne die ging es nun doch nicht – hätten die Aufgabe gehabt, dem, was jetzt existiert, eine materielle Form zu verleihen. Nach dem spirituellen Teil dieser zurechtfrisierten Schöpfungsgeschichte folgt der materielle. Es ist Serankwa (bei Ereira »Seranka« buchstabiert), dem die Aufgabe zufällt, die materielle Welt zu organisieren. Er wird als »Er«, also als Mann angesprochen. Vor ihm sei die Welt noch nicht in männlich und weiblich aufgeteilt gewesen, habe es noch keine Fruchtbarkeit gegeben. In der früheren Version war Seranka von der Muttergöttin erschaffen worden. Jetzt kommt Seynekun auf Serankwa, der vor ihr da gewesen sei, zu. Seynekun ist Fruchtbarkeit, ist Frau, ist der fruchtbare Berg etc. In der Verbindung von Serankwa und Seynekun, von männlich und weiblich, von positiv und negativ sei die spirituelle Welt in die materielle übergegangen. Im Folgenden werden auf jeden der Väter Funktionen und Verantwortungen übertragen, werden sie mit Autorität ausgestattet. Wo die Väter plötzlich herkommen, wird nicht gesagt. Die Aneignung der Schöpferinnenkraft ist komplett. Dieses Konstrukt der Mamos von Gonavindua Tairona ist allerdings noch in der Theorie verhaftet. In der Praxis ist Mutter Erde, Schöpferin allen Lebens, noch tief verankert.

Bevor am zweiten Tag die Zeit zum Aufbruch kam, setzte sich Lwntana zu mir und zeichnete auf fünf Seiten seine und seines Vaters Vision einer allumfassenden friedlichen Welt auf. Er schien jetzt, nachdem er mich lange genug beobachtet hatte, zur Überzeugung gekommen zu sein, dass er sich mir anvertrauen könne. Mamo José sei Anhänger der Bewegung *Ikwashendwna*. Sie ziele auf eine universelle Bündelung von Wissen auf der spirituellen und materiellen Ebene. Vom spirituellen Standpunkt aus betrachtet, sei es eine Verbindung mit dem Kosmos, auf materieller eine Verbindung mit der Erde (Pacha Mama) und allen Menschen, also eine Union zwischen Himmel und Erde.[43] Diesen Gedanken variierte Lwntana immer wieder im positiven Sinne, bevor er zu einer mich verblüffenden Feststellung kam. Als Respektlosigkeit gegenüber heiligen Werten nannte er nicht an erster Stelle die Zerstörung der Natur, sondern illegitimen Sex: Masturbation, Homosexualität, aber auch, und da stimme ich ihm zu, sexuelle Gewalt. Sie seien Verletzungen des Erbes der Ahnen, der Ursprungsprinzipien und der Heiligkeit des Lebens, und dem müsse entgegengetreten werden. Wenn wir diese sexuellen Delikte überwinden würden, wären wir frei von der Sklaverei negativer Geister: »Si se cancela sexo ilicito, somos libres de la esclavitud ante el negativo espiritual«. Und noch mehr: frei von Elend, frei von Krieg, frei von Umweltproblemen.[44] Was ist hier geschehen? Ich musste unwillkürlich an die sexuelle Repression bei den Kogi denken, von der

---

43 Ich fand im Internet einen Eintrag, wo das Wort *Ikwashendwna* als Lebensrettung bezeichnet wird, was sich auf das Existenzrecht (derechos de origen) von Mutter Erde beziehe, das ein himmlischer Advokat auf spiritueller Ebene und sein weltlicher Vertreter weltweit für sie einfordere. Aufzurufen unter *Ikwashendwna, los salvaguardianes de la Madre Tierra*. Der Ort, an dem die Videos mit Lwntana gedreht wurden, ist das Gambhira Eco Yoga Village bei Santa Marta, für das als idealer Ort für Yoga Einkehr, mystischen und ökologischen Tourismus geworben wird. In diesen Kontext würde Ikwashendwna eher passen.

44 In den Videospots sprach er oft vom »Feind«, der das Wissen der Alten (Ahnen?) zerstören möchte, was er als »el negativo«, als ein allgegenwärtiges Negatives heraufbeschwört, ein Wort, das beinahe in jedem Satz von ihm vorkommt. Von illegitimem Sex war da allerdings nicht die Rede.

Reichel-Dolmatoff sprach. Doch bei den Kogi wird Naturausbeutung als Grund für die Weltzerstörung gesehen.

Ich wandte mich an Ereira mit der Bitte um Aufklärung. Er schrieb mir zurück, das erinnere ihn an Ramón Gil, Sohn eines Wiwa und einer Kogi-Mutter und heute führender Wiwa-Mamo, der sich von einer amerikanischer Sekte, den »born-agains«, also den Wieder-geborenen, beeinflussen ließe und sich als messianischer Führer wähne, wovon sich die Kogi-Mamas aber distanzierten.[45] Doch die Sexualfeindlichkeit, die Reichel-Dolmatoff bei den Kogi feststellte und die Lwntana als Wiwa-Mann zum Ausdruck brachte, muss weiter in die Geschichte zurückreichen und kann nicht erst neueren Datums, also ein Resultat der evangelikanischen Missionierung sein. Dazu möchte ich zum Schluss das Verhältnis der Tairona zu Familie und Sexualität aufgreifen.

Junge Kogi Mutter mit Kind

Mit sexueller Repression wurden die Tairona seit dem 16. Jahrhundert durch die spanischen Eroberer konfrontiert, die reine Männerbünde waren. Für sie war das Sexualverhalten der Eingeborenen, das auch Homosexualität duldete, die Ausgeburt der Hölle – wohl weil sie ihre eigenen Triebe fürchteten, wie Ereira vermutet. Dass die indigenen Männer damals ihre Frauen nicht dominierten, sondern ihnen Respekt zollten, stellte ihre Vorstellung vom Mann-Frau-Ver-

---

45 Ramón Gil, Repräsentant von Gonavindua Tairona, spricht Spanisch und ist eine wichtige Vermittlerperson zwischen der Außenwelt und den Tairona.

hältnis auf den Kopf (Ereira 176-177). Wir haben es mit einem ganz anderen Sexualverständnis zu tun. Da für die Tairona *aluna* Fortpflanzungsenergie sei, müsse »die sexuelle Ausscheidung in das Wechselspiel zwischen stofflicher und geistiger Welt integriert werden«, schreibt Ereira (177). D.h., Sexualität war bis dahin bei den Tairona eingebettet in eine natürliche, eine Naturordnung, was die Spanier, und in ihrem Gefolge die Missionare, die die Indigenen zu bekehren versuchten, als schlichte Zuchtlosigkeit brandmarkten. Homosexualität sei für die Kogi auch heute noch nur eine geringe Abweichung von der Norm, schreibt Ereira. Und zu lesbischen Beziehungen sagte ein Mama zu ihm, »Wenn sie so geschaffen seien, dann müßten sie auch so leben« (178). Doch ihr Sexualverhalten unterliegt heute scharfer Kontrolle, gibt auch Ereira zu, besonders bei den Kogi. Da die Kontrolle von Sexualität sich in der Form des Zusammenlebens der Geschlechter äußert, ist es nicht unbedeutend, dass ihre soziale Einheit die Familie ist, mit einem männlichen Oberhaupt. Das trifft auf alle Tairona Stämme zu. Auf diese Rolle wird der Jüngling in einem Initiationsritual vorbereitet. Das Erlangen der Reife müsse, »wie das soziale und sexuelle Rollenverhalten der Kogi im Ganzen, von den Mamas sorgfältig überwacht werden« (121). Dem Jüngling wird beigebracht, wie er sich seiner künftigen

Eine Kogi Familie

Frau gegenüber verhalten soll. Lebte er vorher noch mit den Jungen zusammen, müsse er von da an mit seiner Frau gesondert leben, für sie arbeiten, damit sie kochen kann, ihr Kleider machen[46] und »dürfe

---

46 Das erklärt sich daraus, dass das Weben Aufgabe der Männer ist.

sie niemals schlagen oder schlecht behandeln« (122-123). Zum Zeichen seiner neu erlangten Manneswürde bekommt er den Poporo, in der Tairona Symbolik die Frau repräsentierend, den er sein Leben lang zum Mund führt. Beim Mädchen, heißt es, wird der Übergang zur Frau durch die Allmutter, d. h. die Natur bewirkt, deren Fruchtbarkeit sie mit Einsatz der Blutung spiegelt. Der Umgang mit dieser Lebensenergie müsse sorgfältig kultiviert werden, da sie sich sonst »in chaotischen Formen entlädt – in Krankheiten von Mensch, Tier und Pflanze – und zuletzt die menschliche Gesellschaft aus den Fugen bringt« (124). Bei der ersten Menstruation wird das Mädchen mehrere Tage in Isolation gehalten. Warum? Weil »die Erde einstmals eine Frau war«, gibt der Mama Ereira zur Antwort, und aus deren Blutung soll sich Gold gebildet haben. Die Eingeborenen hätten damals das Menstrualblut von Mutter Erde gesammelt und »in einem Krug im Tempel aufgestellt« (125), wo Steine aus ihrer Blutung verwahrt worden seien. Diesen Hinweis auf Mythen im Taironischen Gedächtnis nehme ich als Zeichen einer vergangenen matriarchalen Kultur, aus der ein wichtiges Indiz in korrumpierter Form in der Gegenwart noch aktiv ist. Denn aus dieser Naturverbundenheit erwächst der Frau heute keine Führungsrolle. Es ist ein Mama, der über sie – wie auch über den Mann – den Segen spricht, sie zum Beichten auffordert, »ob sie irgendeine Sünde begangen« habe (125). In allen Angelegenheiten, ob sexueller oder sozialer Natur, entscheiden die Mamos, ein Aspekt, der den männlichen Beobachtern in ihrer Wahrnehmung einer Symmetrie in der Geschlechterbeziehung nicht auffällt. Bei den Kogi steht nur die Tochter in der Mutterlinie, beim Sohn zählt die Abstammung vom Vater (Reichel-Dolmatoff, »Die Kogi in Kolumbien«, 173). Wir haben es also nicht mehr mit einer matrilinearen Gesellschaft zu tun. Männer und Frauen haben beide ihren eigenen Grundbesitz, wobei die Töchter meist die Mutter, die Söhne den Vater beerben (Ereira 129). Scheidung ist zwar leicht möglich, doch mit erheblichen Konsequenzen für die Ehefrau. Denn selbst wenn sie eigenen Landbesitz hat, braucht sie einen Mann zu dessen Bestellung, weil nach ihrer strikten Trennung von männlich und weiblich das eine Geschlecht nicht die Arbeit des anderen verrichten darf. Für Männer sei es leicht, eine neue Frau zu finden, für eine verlassene Frau mit Kindern dagegen fast unmöglich, gibt Ereira zu (129-130). Aus all dem spricht ein diffuses Verhältnis zu Frauen und Sexualität, das die Gegenwart prägt.

In den nach meiner Rückkehr folgenden Monaten versuchte ich, einige noch offen gebliebenen Fragen zu klären und fehlende Informationen zu sammeln, die ich in meinem Bericht verarbeitet habe. Es war nicht einfach, an vertrauenswürdiges Material zu kommen. Nelson, der mich an die Wiwa vermittelt hatte, antwortete auf einige Fragen, manchmal aber für mich wenig erhellend. Ebenso Ereira, zu dem ich über viele Umwege Kontakt aufnehmen konnte. Seinen Film *Aluna* hat er ganz in die Hände der Kogi gegeben. Es sollte »ihr« Film werden. Diesen Film erlaubte er mir, vor seiner Freigabe anzusehen. Ich war begeistert. Aus diesem Film, zwanzig Jahre nach seinem ersten Film und dem Buch entstanden, spricht erneut die tief empfundene Sorge der Kogi um das Überleben des Planeten und ein Wissen aus jahrhundertealter Erfahrung, die unserer wissenschaftlichen Arroganz einen Dämpfer gibt. Im Film wird Mama Shibulata von seiner Tochter Francisca, die damals vielleicht 14 oder 15 Jahre alt war, begleitet. Da heißt es, ihr Vater wolle sie in die Tradition und das Wissen der Kogi einweihen. Sie soll eine Mama werden. Sie durfte als Einzige (neben dem Dolmetscher) mit nach England, nahm an allen Treffen mit Experten von der »Außenwelt« teil und war während der ganzen Dreharbeiten dabei.[47] In einer Szene wird gezeigt, wie sie zu-

---

47 Allerdings wurde ihr nie das Wort erteilt.

sammen mit ihrem Vater die Spule mit dem Goldfaden entlang der schwarzen Linie an der Karibik über die 54 *asuamas,* also der heiligen Knotenpunkte, führt. An einer Stelle darf sie auch eine Weihegabe, die ihr Vater ihr gibt, ins Meer werfen. Ereira scheint es darauf abgesehen zu haben, die Frau in der Person von Francisca sichtbar zu machen. Ein positives Zeichen, das aber neue Fragen aufwarf, als ich Ereiras Tagebucheintragung vom 7. November 2014, also 3 Jahre nach den Dreharbeiten des Filmes, las (»Alan's Colombia Diary«). Inzwischen sei sie mit dem jetzt 19-jährigen Alejo verheiratet und Mutter einer Tochter. Sie bereite sich darauf vor, eine Saga zu werden und Alejo würde sie darin unterstützen. Alejo reiste ohne Francisca nach Santa Marta, wo *Aluna* uraufgeführt wurde. Als Saga wird sie als Heilerin tätig sein, bei Zeremonien für Harmonie sorgen, aber im Hintergrund bleiben. In der Funktion einer Mama würde ihr eine Führungsrolle zukommen. Es wäre zu wünschen, dass diese Tradition wieder auflebt, dass Frauen nach außen sichtbar werden, ob Mama oder nicht. Ein positives Zeichen dafür sehe ich in Ati Quigua, einer Arhuaco Frau, von der ich berichtet habe, die sich gegenüber den Mamos behauptet aufgrund ihrer Autorität, mit der sie ihre Ethnie beeinflussen kann. Quigua kandidierte 2013 als Vertreterin ihrer Ethnie für einen Sitz im kolumbianischen Parlament, doch ihre eigenen Stammesgenossen verweigerten ihr ihre Stimme. Sie will trotz dieser Niederlage weitermachen. Im Verbund mit den Sagas, d. h. im Zusammenspiel von Zeremonie und öffentlicher Präsenz, könnte sie gestärkt hervorgehen.

Trotz meiner Kritik aus Frauensicht war es der Einblick in die innige Verbundenheit der Tairona mit Mutter Erde, in ihre Zusammenschau von Geist und Materie und daraus folgend in ihre naturerhaltende Lebensweise wert, mich mit ihrer Kultur zu beschäftigen.

Abschied von der Mutter und vier ihrer Kinder

Es war Zeit, mein Gepäck zu bündeln. Vor der Hütte saß Mamo José. Seine Frau kämmte ihm die langen schwarzen Haare. Da erfuhr ich, dass der Mamo ebenfalls nach Santa Marta fahren und mich bis Cachuca begleiten würde. Auch eine seiner Töchter ging mit, sich immer hinter dem Vater haltend. Sie trug meinen zusammengerollten Schlafsack, der Mamo nur seine leichte Mochila. Diesmal mussten wir den ganzen Weg zu Fuß zurücklegen, kein Motorrad war bestellt worden.

In Cachuca warteten wir auf den Bus. Nach mir wollten José und seine Tochter einsteigen. Da wimmelte der Busfahrer die beiden ab, der Bus sei jetzt voll, er könne sie nicht mitnehmen. Erst als ich mich anbot, die Fahrkarten für die beiden zu bezahlen, ließ er sie mitkommen. Welche Gefühle der Erniedrigung muss dies in diesem stolzen Mann ausgelöst haben?

Abreise: kurz vor der Ankunft in Cachuca, Mamo José mit einer Tochter

Die matrilinearen Wayuu auf der
Guajira-Halbinsel

Vor meinem Besuch bei den Wiwa in der Sierra Nevada war ich auf der nördlich gelegenen Halbinsel Guajira, wo die Wayuu, ein zu den Arawak zählendes indigenes Volk, 15 380 km² Land besiedeln. Sie machen 20 Prozent, also die größte indigene Bevölkerungsgruppe Kolumbiens aus und stellen 48 Prozent der Einwohner/innen auf Guajira, was etwa 300 000 Menschen entspricht, wobei der größere Teil, etwa 52 %, jenseits der Grenze in Venezuela lebt. Die Wayuu betrachten ihr Stammesland als Einheit, ungeachtet der Grenze zwischen Kolumbien und Venezuela. Sie können sich frei zwischen den beiden Staaten bewegen. Wayuu ist ihr indigener Name; von den spanischen Chronisten werden sie als Guajiro bezeichnet. Heute haben sie sich ihren angestammten Namen zurückgeholt. Bemerkenswert an den Wayuu ist, dass sie den spanischen Eroberern durch zahlreiche Rebellionen mit erbeuteten Waffen und Pferden Widerstand leisteten. Ein revoltierendes Volk, das sich auch lange Zeit gegen Missionierungsversuche sträubte, was 1718 einen Gouverneur veranlasste, sie als Pferdediebe, Barbaren, die keinen Gesetzen und keinem König folgten und getötet zu werden verdienten, zu brandmarken (Wikipedia: »Wayuu People«).[48] Anfang des 20. Jahrhunderts nahm die Evangelisierung unter Papst Pius X. einen neuen Anlauf, um die Wayuu zu »zivilisieren«. Waisenhäuser waren ein geeignetes Mittel, Kinder zu indoktrinieren. Heute ist der Katholizismus zwar weit verbreitet, konnte sich aber gegen die indigene Religion nicht

---

[48] Alle Verweise auf und Zitate aus spanisch- und englischsprachigen Quellen sind von mir ins Deutsche übersetzt.

ganz durchsetzen, deren Mythen und Traditionen von den Älteren an die Kinder mündlich weitergegeben werden.

Ich fuhr mit dem Bus von Cartagena über Santa Marta nach Riohacha, der Hauptstadt der Provinz La Guajira – eine 9-stündige Reise. Marco, mein neuer Bekannter in Cartagena, hatte mich an seinen Arztfreund Dr. Edoli in Riohacha empfohlen, der mich am Busbahnhof abholte. Ich gab ihm zwei Adressen von Unterkünften in Riohacha. Er fuhr mit mir gemächlich – und vergeblich – durch die Stadt, eine Straße nach der anderen und setzte mich schließlich an einem heruntergekommenen, aber teuren Hotel ab. Am nächsten Morgen wollte er mich um 7 Uhr abholen und zu einem Reisebüro bringen, wo ich einen Aufenthalt bei den Wayuu buchen könne. Um 7 Uhr stand ich fertig gepackt – eine zweite Nacht wollte ich dort nicht verbringen – vor dem Hotel, wartete und wartete. Dr. Edoli erschien nicht. Marco hatte mir ein Handy geliehen, denn ich könne unmöglich in den gefährlichen Norden fahren, ohne Kontakt zu halten. Das verstieß eigentlich gegen meine Prinzipien, weil ich um die gesundheitliche Gefährdung durch die elektromagnetische Strahlung weiß. Nach einer dreiviertel Stunde des Wartens griff ich nach dem Handy, doch es funktionierte nicht. Da in Kolumbien kaum noch Kabeltelefone existieren, hat sich ein Kommerz breitgemacht, wo Geschäfte, und Privatpersonen auf der Straße, »Minutos« über Handy zum Telefonieren verkaufen, und mit solchen Handy-Minuten erreichte ich Dr. Edoli. Er amüsierte sich über meine Aufregung, in der tropischen Hitze gehe eben alles langsamer. Um 8 Uhr sei er da. Dr. Edoli erwies sich als ein warmherziger Mann, der die Ruhe selbst war, eine Eigenschaft, die so gar nicht zu meinem Temperament passt. Zuerst half er mir, ein Anschlusskabel für mein Handy zu kaufen; dass ich das, und nicht nur das, brauche, wusste ich Uneingeweihte nicht. Dann ging es zu *Wayuu Tours,* einem Reisebüro, das sich auf Ausflüge auf der Guajira-Halbinsel spezialisiert hat. Nach einem langen Hin und Her gelang es, mich als Einzelreisende auf eine Rancheria zu vermitteln, aber nur für zwei statt der von mir gewünschten drei Tage.

Bis dahin hatte ich noch eineinhalb Tage zur Verfügung. Zu Fuß fand ich problemlos das Hostal La Casa de Mama, eine meiner zwei ursprünglichen Adressen. Genau das, was ich suchte: Kontakt zu den anderen Gästen, liebevolle Bedienung, und ich durfte mein Frühstück selbst in der Küche zubereiten. Riohacha ist das Tor zur Halbinsel Guajira. Wayuu-Frauen, traditionell gekleidet in ihrer Manta – einem weitgeschnittenen, bodenlangen und lose hängenden Gewand[49] – kommen von den Rancherias und bieten auf der eleganten Promenade entlang des Meerstrandes ihre Handarbeiten an. Ich wurde als potentielle Kundin umworben und musste erfahren, dass Handarbeit kaum konkurrenzfähig ist in einer global industrialisierten Welt. Die Wayuu-Männer kommen auf den Markt von Riohacha, um ihr Vieh zu verkaufen.

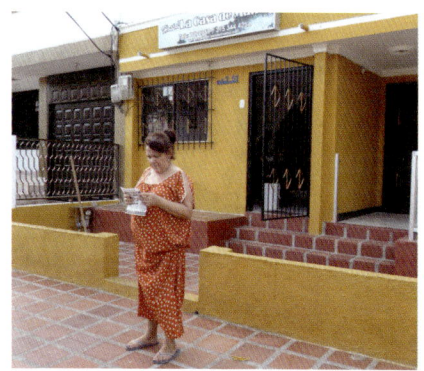

Hostal La Casa de Mama

Wayuu Frauen verkaufen Geschenkartikel auf der Strandpromenade von Riohacha

---

49 Die Manta soll auf spanischen Einfluss, vielleicht auf die Nonnentracht, zurückgehen, wurde aber dann zum Ausdruck ethnischer Identität (Watson-Franke, *Tradition und Urbanisation*, 92). Heute wird sie oft mit kurzen Ärmeln getragen.

Hütte, in der die Autorin übernachtete

Am 27. Januar brachte mich ein junger Wayuu-Mann zur Rancheria Iwanya, ein Name, von dem mir das Reisebüro die Übersetzung »der Stern, der den Frühling beflügelt« gab.[50] Iwanya, der Cecilia Acosta – also eine Frau – vorsteht, gehört zum *apüshana*-Clan. Die Rancheria ist leicht zu erreichen auf der Autobahn nach Norden, etwa eineinhalb Stunden Fahrzeit von Riohacha aus. Ich nehme an, dass die Bewohner/innen von Iwanya wohlhabend sind – zumindest im Vergleich zum Großteil der Wayuu-Bevölkerung, nicht nach unserem Standard – und dass die Rancheria daher den Kriterien entspricht, die vorausgesetzt werden, um Tourist/innen zu empfangen. Der Aufenthalt hier gab mir also nur einen begrenzten Einblick in das Leben, das die meisten Wayuu heute führen (müssen), worüber mich aber Beobachtungen auf meiner anschließenden Weiterfahrt gen Norden aufklärten.

Künstlicher Teich auf der Rancheria Iwanya

Das Land gehört allen gemeinsam, und die Menschen teilen sich auch eine gemeinsame Wasserquelle – auf meiner Rancheria ein künstlicher Teich, der

---

50 Die phonetische Wiedergabe des Namens lautet laut Email von Guerra Curvelo *Iiwouyaa* und heißt übersetzt ins Spanische »como las estrellas que anuncian la llegada de las Pléyades«, auf Deutsch: »wie die Sterne, die die Ankunft der Plejaden ankündigen«, was wohl auf den Frühling hinweist.

sich während der zwei Regenzeiten, vom September bis Dezember und vom April bis Mai, mit Wasser füllt und für das ganze Jahr ausreichen muss zum Kochen, Waschen, Vieh tränken. Ich sah, wie Männer und Frauen Plastikkanister füllten und mit Handkarren beförderten, wie Kinder sich die Haare wuschen und Ziegen am Teich ihren Durst stillten.

Wayuu Farmer schöpft Wasser aus dem Teich der Rancheria

Da Wasser dort so kostbar ist, versuchte ich, nur ein Minimum zum Waschen und für die Toilette zu benutzen.

Ziegen, die äußerst genügsam sind, stellen die größte Einkommensquelle der Rancherias dar. In einer Landschaft, die sich während der Trockenzeit in eine Wüste verwandelt, geben sie sich mit Rinde und Blättern von dürren Sträuchern zufrieden. Für die Herden sind meist die Männer verantwortlich. Doch auch Frauen betreiben eigene Viehzucht. Für die wenigen touristisch orientierten Rancherias wie Iwanya sind Tourist/innen eine zusätzliche Einnahmequelle, allerdings eher, wenn sie in Gruppen kommen und nicht einzeln wie ich. An den zwei Tagen war ich die einzige Touristin auf Iwanya.

Nach dem Haarewaschen im Teich werden die Haare gekämmt

Genügsame Ziegen auf Iwanya

Autorin in der leeren Hütte innen

Claudia in meiner Hängematte

Claudia, eine junge Wayuu-Frau, die mich während meines Aufenthaltes betreute, begleitete mich in eine leere Hütte, die allem Anschein nach für Gäste und Empfänge gedacht war. Sie brachte Tisch und Stuhl herbei und erzählte mir auf Spanisch etwas über ihr Volk. Eine Rancheria bestehe traditionell aus 5-6 Ranches, die zusammen ein Großhaus bilden, *miichipala* genannt. Die Rancherias lägen weit auseinander. Die Abstammung von der Mutter, also die Mutterlinie, bestimme die Zugehörigkeit zu einem Clan. Jeder Clan, von denen es an die 30 gäbe, besitze sein eigenes Ahnentier, seinen Totem.[51]

Ihre Information zur Clan-Struktur der Wayuu möchte ich noch ergänzen, bevor ich Claudia weitersprechen lasse. Mich interessierten vor allem Hinweise auf matriarchale Spuren in der Gegenwart. Für Matriarchatsforscherinnen wie Heide Göttner-Abendroth waren die Wayuu, wie alle vorkolumbianischen indigenen Stämme, matriarchal.[52] Was ist davon geblieben? In einem Videoclip, den ich mir ansehen konnte, wurde Julia Barrios interviewt. Selbstbewusst stellte sich

---

51 Nach persönlicher Auskunft von Guerra Curvelo wäre heute die Zahl der Clans auf etwa 23 geschrumpft.

52 Siehe *Das Matriarchat* II.2, Kap.: »Die Arawak und ihre Kultur«.

diese starke Frau vor die Kamera und erklärt: »Wir Wayuu sind ein Matriarchat!«[53] Gefragt, wie sie das begründet, sagte sie, dass bei einem Problem die Frauen die Entscheidung träfen, der Onkel hole bei der älteren Frau ihre Meinung ein. »Warum der Onkel und nicht der Vater«, fragte der Interviewer. Weil das Blut in ihren Adern das Blut der Mutter und nicht des Vaters sei. Und der mütterliche Onkel müsse von der Matrilinie abstammen, war ihre Erläuterung. Julia Barrios erzählt aus ihrem Erfahrungsbereich, so wie sie ihre Realität wahrnimmt. Ramón und Luis Delgado haben aus männlicher Sicht einen Artikel veröffentlicht, der die Matrilinie bestätigt (»Una Sociedad Regida por la Sabiduria Feminina«). Sie behaupten aber, der mütterliche Onkel treffe die Entscheidungen alleine. Aus historischen Quellen ginge hervor, schreiben sie, dass Frauen in den Wayuu-Dörfern weder eine politische noch familiale Autorität besäßen oder besessen haben und es nie ein Matriarchat gegeben habe. Den Frauen seien feste Rollen zugeordnet, und diese Rollen seien zwischen Frauen und Männern aufgeteilt. Doch um die Existenz eines Matriarchats zu leugnen, muss zuerst über dessen mögliches Vorhandensein gesprochen worden sein. Barrios gibt ihre Sichtweise als Frau wieder, Ramón und Luis Delgado nehmen ihre Realität durch eine männliche Brille wahr. Und diese patriarchal gefärbte Wahrnehmung, wenn sie qua Definitionsmacht in Schrift und Bild gegossen, d. h. wissenschaftlich legitimiert und mythisch überhöht wird, stülpt sich über eine anders empfundene Realität – und verändert sie.

Da ist einmal ihre matrilineare Struktur, die sich von der Frau als Gebärerin ableitet, was ihr in allen frühen Kulturen eine gesellschaftsprägende Rolle gab, legitimiert durch die Urmutter, der

---

53 Dieses Video habe ich im Netz unter *Fuerza de Mujeres Wayú* angesehen und Notizen gemacht. Es ist heute aber nicht mehr aufrufbar.

Schöpferin allen Lebens. Die Wayuu[54] benutzen für diese Struktur das Wort *eiruku*, das »Fleisch der Mutter« bedeutet (zit. in Watson-Franke, »Social Pawns«, 20). Ihrer Matrilinie und der Mutter, deren Namen sie tragen, fühlen sich die Kinder lebenslang verbunden. Diese Verbundenheit wird auch nicht durch die Ehe beeinflusst, denn die Ehe ist nicht wie bei uns ein Pakt zwischen zwei Personen, sondern zwischen zwei Matrilinien, was als politische Allianz gesehen werden kann (»Social Pawns«, 21). Watson-Franke beschreibt Matrilinearität und -lokalität im Kontext einer viehzüchtenden Gesellschaft in der Guajira, d. h. ihrem angestammten Gebiet auf der Halbinsel, wo sie heute oft noch matrilokal leben. Doch der Desintegrationsprozess durch die Zerstörung ihrer Lebensgrundlagen von außen und die damit verbundene Abwanderung in die Städte wirkt sich massiv auf ihre traditionelle Familienstruktur und die Situation der Guajiro Frauen aus. Davon wird später noch die Rede sein. Zuvor möchte ich mit Watson-Franke die traditionellen Gesellschaftsmuster verfolgen, die lange Zeit typisch in der Guajira waren und z. T. noch sind.

Über die Heirat eines Mädchens bestimmt ihre Matrilinie, auf die die Mutter der Braut entscheidend einwirken kann. Das Mädchen durchläuft eine besonders strenge Erziehung unter Aufsicht von Mutter und Großmutter, um es auf ihre spätere Rolle vorzubereiten, denn sie wird einmal für das wirtschaftliche Wohlergehen ihrer Familie verantwortlich sein. Schon früh lernt sie weben, und ihre Webfertigkeit kann beeinflussen, wie viel Vieh für sie als Brautpreis bezahlt wird (Watson-Franke, »Weaving«, 1-2). Eine Guajiro Frau, schreibt Watson-Franke, kann ihre Webarbeiten für Vieh eintauschen

---

54 Im Folgenden werde ich statt Wayuu auch den Namen Guajiro benutzen gemäß der Quellen, auf die ich verweise.

oder sie für Geld verkaufen. Sie produziert Einkommen, über das sie allein verfügen kann und was sie wirtschaftlich von ihrem Mann unabhängig macht (»Social Pawns«, 24). Diese Unabhängigkeit verleiht ihr Autorität in ihrer Matrilinie. Vor der Ehe lebten Mann und Frau in der jeweiligen Ranch ihrer Mutter. Nach der Heirat zieht das Paar einer Quelle zufolge, die Watson-Franke zitiert, in die

Eine stattliche Wayuu-Frau

Ranch der Ehefrau (zit. in »Social Pawns«, 20). Watson-Franke gibt aber auch eine andere Version wieder, die einmal existiert habe, nämlich, dass am Anfang ihrer Ehe der Mann seine Frau nur nachts besuchen würde (23). Wir hätten es also mit einer Besuchsehe zu tun, wie sie bei den Mosuo in China noch üblich ist. Ein deutlicher Hinweis auf eine matriarchale Vergangenheit der Guajiro, wo vor langer Zeit der Partner sich stets nur besuchsweise bei seiner Frau aufhielt, wie Watson-Franke vermutet (23). Später würde das Paar einen eigenen Haushalt in einer eigenen Ranch gründen. Doch auch dann wären die Ehegatten, die ihrerseits in ihrer Mutterlinie verankert blieben, wirtschaftlich nicht für ihre Ehefrauen verantwortlich. Je nach Status des Mannes, der, wenn er ein wohlhabender Viehzüchter ist, manchmal mehrere Frauen hat, leben seine Frauen meist entfernt voneinander in eigenen Ranches, die sie eigenständig bewirtschaften und die der polygame Mann abwechselnd besucht. Wichtig ist die enge Bindung der Frauen an ihre eigene Sippe, die Nähe zu ihr, wenn sie z. B. in derselben Rancheria leben, und nicht die Nähe zum Gatten, der häufig abwesend ist – und ihre ökonomische Unabhängigkeit. Der Viehbestand bestimmt den sozialen, wirtschaftlichen und politischen Status der Guajiro (»Social Pawns«, 24).

Nicht der Ehemann und Vater, sondern der Mutterbruder spielt in der Guajiro Gesellschaft eine herausragende Rolle. Anders als in unserer Kultur, wo der Mann qua Geschlecht und sexueller Funktion Kontrolle ausübt, kommt dem Mutterbruder – also dem Onkel – als Teil der Matrilinie ein hohes Maß an Autorität zu. Während die Mutter unmittelbar für die Erziehung der Kinder verantwortlich ist, kann der Mutterbruder das Verhalten seiner Schwesterkinder entscheidend beeinflussen. Dabei ist seine soziale Verantwortung mit der wirtschaftlichen eng verbunden, schreibt Watson-Franke (»Zur Desintegration«, 7-8). Denn er hat für die Sicherung und Vermehrung des Viehbestandes innerhalb der matrilinearen Verwandtschaftsgruppen zu sorgen, was eine enge Zusammenarbeit innerhalb der Familienmitglieder erfordert und deren Zusammenhalt fördert. Es ist diese von unserer Familienvorstellung abweichende Loyalität gegenüber der Sippe, die nach Watson-Franke die Matrilinie zusammenhält (»Social Pawns«, 26). Der Onkel hat ein großes Interesse daran, dass seine Nichte all die Fähigkeiten entwickelt, die ihr eine gute Partie sichern, denn er und die Mutter bekommen einen Teil des Brautpreises, der für sie gezahlt wird. Gleichzeitig erhält die Nichte einen Teil ihres Erbes vom Onkel, doch nicht nur von ihm, sondern auch von anderen Mitgliedern ihrer Matrisippe. Dies trifft auch auf den Neffen zu. Doch da dieser dem Onkel keinen Brautpreis einbringt, schreibt Watson-Franke (26), nimmt sie gegenüber ihrem Bruder einen bevorzugten Platz ein. So schafft die Heirat ein Netz von Verbündeten, die sich wechselseitig verantwortlich sind und in den Genuss von Vorteilen materieller Art kommen. Diese Balance müsse immer wieder neu ausgehandelt werden (27). In all den Transaktionen, hebt Watson-Franke hervor, trete die Frau aktiv in Erscheinung. »Bei Geburt, Menstruation, Heirat und Tod sind die Frauen für den folgerichtigen Ablauf der Zeremonien verantwortlich und festigen damit ihren Status« (*Tradition und Urbanisation*, 22). Sie meint die Frau als Mutter bzw. erwachsene Frau, der diese Rolle durch ihr Alter und ihre Erfahrung zukommt, denn, so Watson-Franke, soziale Kontrolle ist nicht eine Frage des Geschlechts, sondern des Alters (»Social Pawns«, 27).

Die heutige Wayuu-Gesellschaft ist jedoch komplexer und widersprüchlicher als hier skizziert, wie ich noch aufzeigen werde.

Schulkinder mit Schulbus

Inzwischen war es Mittag geworden. Eine Frau brachte mir etwas zu essen in die Hütte. So musste ich die Mahlzeit allein einnehmen und nicht im Kreis einer Familie, wie ich es mir gewünscht hatte. Am Nachmittag kamen die Kinder mit einem Schulbus von der Schule. An ihrer Schulkleidung ist der westliche Einfluss abzulesen. Während ein Großteil der Wayuu kein Spanisch spricht, wachsen die Kinder auf Iwanya zweisprachig auf. Ich ließ mich von ihnen zum Meer begleiten, durch dorniges Gestrüpp und Treibholz. Dort waren einige Boote verankert. Zum Baden lud der Strand nicht ein. Leichtfüßig sprangen sie durch die Dünen zurück zur Hütte und wollten

Kinder von Iwanya am Strand mit Treibholz

Tanzende Kinder auf Iwanya

mit mir tanzen. Singen und Tanzen, erfuhr ich, haben für die Wayuu eine wichtige Funktion und geben ihrem Alltag eine Struktur. Auch ihre Tiere ehren sie mit Gesang.

Ein Thema, das ich mit Claudia besprach, ist das Initiationsritual für Mädchen, die mit der ersten Menstruation einige Tage oder Wochen, früher bis zu fünf Jahre! (Watson-Franke, »To Learn for Tomorrow«, 194), vom Rest der Familie abgesondert verbringen, nur von Mutter und Großmutter betreut, *encierro* genannt. Claudia sagte mir, ihr *encierro* hätte nur einige Tage gedauert, war also mehr symbolischer Art, was Michel Perrin als typisch für die Neuzeit ansieht (»Guajiro«). Die traditionelle Initiation des Mädchens folgte rigorosen Vorschriften, wo sie ihr unbekümmertes Kindsein ablegen und sich auf ihr Leben als erwachsene Frau und Verantwortliche für ihre Matrilinie vorbereiten soll (Watson-Franke, *Tradition und Urbanisation*, 40-41). In einem bewegenden Bericht führt uns Watson-Franke vor Augen, welche Selbstdisziplin dem Mädchen abverlangt wird. Eine Woche verbringt sie bewegungslos, ohne Essen und Trinken, in einer Hängematte (*Now you are a woman*, 47, 49). Dann folgt eine lange Zeit der Askese, aus der sie als »perfekte Frau« hervorgehen soll (54, 82). Jeder Kontakt zur Außenwelt ist ihr verwehrt. Sie wird während der *encierro* über Sexualität und Verhütung aufgeklärt. Drei Mal täglich bekommt sie während ihrer Initiationszeit eine Medizin, *huawapi,* verabreicht, was ihr helfen soll, als verheiratete Frau ihre Schwangerschaften zu kontrollieren. Denn sie soll höchstens drei bis vier Kinder zur Welt bringen (Watson-Franke, »To Learn for Tomorrow«, 195). Der Wayuu Frau wird also die Kontrolle über ihre Fruchtbarkeit in die eigenen Hände gelegt. Vor allem wird ihr die Kunst des Webens beigebracht. Sie lernt, Hängematten und Taschen für den späteren Gatten und für ihre Familie zu weben (43), deren Prestige sich erhöht, je talentierter das Mädchen sich im Weben erweist (81). Die Initiationszeit verbringt es in einem von der übrigen Hütte abgesonderten Raum, von dem es heißt, er wäre nahezu dunkel und sie dürfe ihn nur kurz bei Nachtanbruch verlassen. Durch die Vermeidung der Sonne soll ihre Haut hell bleiben, was sie begehrenswerter für einen Mann machen würde (Watson-Franke, *Tradition und Urbanisation,* 41). Johannes Wilbert führt zudem noch auf, dass sie auch in magisch-religiöse Rituale eingeweiht wird, anscheinend, um durch Magie sexuell einen Partner anzuziehen (»Guajiro Kinship«, 333). Die Frage stellt sich mir, ob mit der *encierro* in früheren Zeiten vielleicht die besondere Affinität der Frau mit der übersinnlichen Welt angesprochen wurde, einer Welt, in der sich die Schamanin bewegt? Denn warum sollte sie in einer fast dunklen Hütte verweilen, wo doch für eine Lehre im Weben Licht nötig ist? Könnte hier ein ähnliches Ziel verfolgt worden sein wie mit den Moros bei den Tairona? Ich habe Watson-Franke um Aufklärung gebeten. Sie antwortete mir in ihrer Email, das wäre eine faszinierende Frage, die sie aber nie gestellt habe. Doch der Anthropologe Michel Perrin, mit dem ich in der Zwischenzeit in Kontakt getreten war, hat mich in meiner Vermutung bestärkt. Er verwies mich auf sein Buch *Le chemin des Indiens: Mythes et Symboles Guajiro,* dessen Übersetzung ins Englische *The Way of the Dead Indians* ich einsehen konnte. Es hieße, schreibt er dort, ein Mädchen würde während der *encierro* mit der übernatürlichen Welt und mit Pulowi, dem weiblichen Prinzip, in Verbindung stehen, würde daher als tabu und als gefährlich betrachtet (130).[55] Watson-Franke geht eher davon aus, dass das Mädchen durch diese harte Schule gehen muss, um später in einer kargen Wüstenlandschaft als tatkräftige Frau und Verantwortliche für ihre Matrilinie bestehen zu können. Da Männern, sagt Watson-Franke, keine den Frauen entsprechende Verantwortung zukomme, müssten sie als Kinder auch nicht durch diese Erziehungsphase gehen (»Social Pawns«, 21).[56] Wie sehr das alte Wertesystem nachwirkt zeigt sich daran, dass Guajiro Mütter, die entwurzelt in der Stadt leben, manchmal noch ihre Töchter zur Familie in die Guajira schicken, damit sie dort, wenn auch verkürzt, das Initiationsritual durchlaufen (Watson-Franke, *Tradition und Urbanisation*, 126). Watson-Franke stellt als positives Resultat aus dieser rigorosen Initiationszeit heraus, dass das Mädchen Fähigkeiten erworben hat, die in ihrer Gesellschaft hoch eingeschätzt werden, und dass sie mit ihren Webprodukten andere Güter eintauschen und über sie selbst verfügen kann. Nicht durch Arbeit an sich, so ihr Fazit, sondern durch qualifizierte Arbeit definiere sich ihr Ansehen. Durch die Qualifikation und das Wissen, welches das Wayuu Mädchen während ihrer *encierro* erwirbt, gewinne sie als Frau ihren Status und ihren Einfluss (»To Learn for Tomorrow«, 209). Eine Informantin sagte zu Watson-Franke, während ihrer *encierro* lerne ein Mädchen viele Dinge, die ein Mann nie wissen könne (208).

Aus der Karenzzeit geht das Mädchen als heiratsfähige Frau hervor. Sie ist dann zwischen 12 und 15 Jahre alt. Gab es früher nur

---

55 Michel Perrin, der heute in der Auvergne wohnt und dessen Feldstudien auf die Jahre 1975-76 zurückgehen, hat sein Buch seinem Guajiro Großvater gewidmet.

56 Maria Barbara Watson-Franke, heute 77 Jahre alt, war als Anthropologin und Ethnologin von 1967/68 und 1987/88 bei den Guajiro in Venezuela. Sie war Professorin für Frauenstudien an der San Diego State University, hat also empathisch das Frauenleben der Guajiro beobachtet.

Seminare
Experten zum Thema
Kontakt zu Gleichgesinnten

Durch Vermittlung von Informationen, Veranstaltungen und Neuerscheinungen schaffen wir Raum für Kommunikation, Inspiration und Wachstum.

Bitte senden Sie mir:

☐ Schirner Verlag Katalog
☐ Schirner Verlag Newsletter (per E-Mail*)
☐ Schirner Seminare Magazin
☐ Schirner Seminare Newsletter (per E-Mail*)
☐ Interessengruppen und Gleichgesinnte

Folgende Themen interessieren mich besonders:

Schreiben Sie uns Ihre Rezension dieses Titels:

Oder schreiben Sie uns ausführlich per Post oder an info@schirner.com

Name: _____

Vorname: _____

Straße: _____

PLZ, Ort: _____

Telefon: _____

E-Mail*: _____ @ _____

Geb.-Datum: _____

Beruf: _____

Diese Karte entnahm ich dem Buch:

_____

*Kann jederzeit abbestellt werden!
Alle Angaben werden vertraulich behandelt.

Schirner Verlag
Zerninstraße 7
D-64297 Darmstadt

arrangierte Heiraten nach den Regeln der Wechselheirat zwischen einander zugeordneten Clans, wie es Göttner-Abendroth beschreibt (21), ist es heute üblich, dass Ehen auch dort verhandelt werden, wo die beiden aus Zuneigung zueinander gefunden haben. Zunehmend gibt es interethnische Heiraten, z. T. infolge der Abwanderung der ländlichen Bevölkerung in die Städte, einem Phänomen, mit dem sich Watson-Franke ausführlich in ihrem Buch *Tradition und Urbanisation* auseinandersetzt.

Dem Heiratsmodus bei den Wayuu wird in der Fachwelt große Aufmerksamkeit geschenkt. So tendiert Mancuso in die Richtung von Lévi-Strauss, für den die Braut Tauschobjekt im Handel zwischen zwei Männergruppen ist, wobei die Frau als aktive Partnerin aus dem Blickfeld gerät. Dabei ist es gerade die zentrale Position der Frau in ihrer Matrilinie, die durch diese Transaktion bestätigt wird, was Watson-Franke in ihrer Abhandlung »Social Pawns or Social Powers?« nachweist. Watson-Franke gibt zu bedenken, dass Ethnologen in der Beurteilung einer anderen Kultur verinnerlichte Vorstellungen von Geschlechterrollen aus ihrer eigenen Kultur einfließen lassen (»Die Bedeutung der Geschlechtsidentität«, 78). Patriarchal sozialisierte Beobachter seien geneigt, die Stellung des Mannes und Vaters gegenüber dem Vorrang der Frau und Mutter einer Matrilinie in der Guajiro Kultur aufzuwerten (»Maskulinität in matrilinearen Gesellschaften«, 334). Die Mutter gibt nicht nur biologisch ihre *eiruku* weiter. Wilbert zeigt ihren engen Bezug zur Geisterwelt auf. Wünscht eine Guajiro Frau ein Kind, würde sie von einer/einem Ahnen/Ahnin aufgesucht. Sie würde aufhören zu verhüten und sich auf die Schwangerschaft vorbereiten (»Guajiro Kinship«, 311-312). Die schwangere Frau würde nachts das in ihrem Leib heranwachsende Kind – imaginiert als Homunkulus, der sich 9 Monate im Fruchtwasser wiegt – fragen, wer es sei, aus welcher Generation ihrer

Matrilinie es komme. Die Mutter wisse, dass sie eine Ahnin, einen Ahnen ihrer Mutterlinie wiedergebäre, dasselbe Fleisch, aus dem sie stammt in der endlosen Kette der *eiruku*. Ein Informant sagte zu Wilbert, Männer könnten nicht die *eiruku* ihrer Mutter an ihre Kinder weitergeben. Sie würden durch den Geschlechtsakt zu *ashíi*, zu Vätern, indem sie mit ihrem *ashéo*, d. h. ihrem Blut, zur Zeugung eines Kindes beitragen (309). Jedes Kind trage das *ashéo* des leiblichen Vaters, und nur das männliche Kind könne es an die nächste Generation vererben. Aber die Spuren des Bluts vom Vater würden im Laufe der Generationen allmählich verschwinden (309-312). Nicht so das Fleisch der Mutter. Guerra Curvelo hebt die väterliche Blutsverwandtschaft (wörtlich: parientes uterinos del padre = väterliche uterine Verwandtschaft) hervor (30), wonach der väterliche Bruder einer Mutter bzw. die Söhne des Vaterbruders wichtig werden. Diese Aufwertung des Vaterrechts hat spürbare Auswirkungen auf den Alltag, denn so können nun auch Ansprüche väterlicherseits geltend gemacht werden. Watson-Franke schreibt, dass durch den stärker werdenden Einfluss der westlichen Zivilisation der Vater oft mehr von seinem Besitz an seine Kinder vererbt als an seine Schwesterkinder (»Zur Desintegration«, 9-10).

Das patriarchale Vaterbild der Kolonialisten berührte auch die indigene Bevölkerung. So ist es nicht verwunderlich, dass das matrilineare Bezugssystem im Laufe der Zeit Risse bekam. Das ging einher mit den sich ändernden Produktionsweisen. Bestand das vorkolumbianische Selbstversorgungssystem der Wayuu vor allem aus Fischfang, Landwirtschaft, Jagd und Handel innerhalb ihrer Stämme, so wandelte es sich ab dem 16. und 17. Jahrhundert hin zur Viehzucht, deren Mehrerträge dann mit der hispanischen Population gehandelt wurden (Guerra Curvelo, 19). Dieser Handel führte zu großen Ungleichheiten. Nun gab es Reichtum und Prestige für einige in einer vorher egalitären Gesellschaft. Guerra Curvelo erklärt Polygamie bei den Wayuu als Folge des Reichtums einiger Viehzüchter und -händler (35). Hierarchien, in denen Männern Macht zufloss, begannen sich herauszubilden. Mancuso glaubt, dass durch die politisch-wirtschaftliche Verflechtung der Wayuu mit dem kolumbianischen bzw. venezolanischen Staat die Grenzen zwischen Matrilinearität und Patrilinearität aufgeweicht würden (9).

Die Matrilinie wird laut Lawrence Watson vom *cacique* vertreten, einem männlichen Mitglied, meist dem Onkel oder Neffen der Matrilinie eines Clans, der mit weitgehenden Kompetenzen als politischer Vertreter nach außen und unangefochtener Autorität nach innen ausgestattet sei. Lawrence Watson schreibt, dass er jeweils aus der mächtigsten und reichsten Gruppe kommt und seinen Nachfolger selbst auswählt, dass wir also von einer Art Erbfolge innerhalb der Mutterlinie sprechen können (»The Education of the Cacique«, 290). Seine Beschreibung, wie ein Nachfolger des *cacique* und wozu er herangebildet wird, erinnert mich vage an die Mamos der Kogi, wobei der Mamo spirituelle und weltliche Autorität vereint, während der *cacique* nur die weltliche Führungsrolle innehat, die spirituelle aber bei den Frauen, den Schamaninnen liegt. In langen Unterredungen, während sie außerhalb der Rancheria in Hängematten lägen, würde der *cacique* seinen Novizen theoretisch in seine späteren Aufgaben, für Recht und Ordnung zu sorgen, einweihen (295). Über mehrere Jahre würde der Schüler dann seinen Lehrmeister bei seiner Amtsausübung begleiten, würde also in die Praxis eingeführt (295 ff). Die reibungslose Übergabe des Amtes solle der autoritativen Kontinuität der bestehenden Ordnung dienen »in einer potentiell gespaltenen und unstabilen politischen Situation« (300). Aus der Abhandlung von Watson geht indirekt hervor, dass die Herausbildung dieser Machtposition in den Händen des *cacique* auf den Rückgang des Ah-

nenkults und den wachsenden Einfluss des Christentums zurück-
geht (291), was er jedoch ins Gegenteil umdeutet, wenn er den *cacique*
als stabilen Faktor in der Geschichte der Guajiro ansieht. Es ist diese
Betonung des schon immer vorherrschenden männlichen Prinzips,
das er mit Mancuso teilt, der meint, einer Matrilinie stehe immer ein
Mann vor, er habe die Führungsrolle inne (6). In den neueren Veröffentlichungen wie der von Guerra Curvelo (2001) und von Mancuso
(2007/2008) wird nicht mehr von *cacique*, sondern von *jefe*, also Chef
oder Führer, gesprochen. Maria Barbara Watson-Franke, die Ehefrau
von Lawrence Watson, führt uns auf eine andere Spur: Das Amt des
cacique ginge zurück auf den Unabhängigkeitskrieg, wo 1833 die
venezolanische Staatsmacht zur Unterwerfung der Guajiro, Häupt-
linge für die einzelnen Stämme ernannte, eben diese *caciques* (» Social Pawns«, 31). Wir haben es also mit einer von der Regierung ge-
wollten Schwächung der Matrilinie zu tun, also einer Untergrabung
weiblicher Autorität in der Gestalt der Mutter und der männlichen
Autorität des Mutterbruders, deren Zusammenspiel für eine funktio-
nierende und harmonische *eiruku* steht. Ich werde darauf noch im
Zusammenhang mit der Palabrera zurückkommen.

Eine wichtige sozioökonomische Verwerfung brachte der Handel
mit Perlen von den reichen Perlenbänken an der karibischen Küste.
Für Perlen wurden Waffen getauscht – aber auch für Rotholz, Vieh
und Salz, das die Wayuu bis heute aus großen Salzpfannen an der
Küste abbauen. So erklärt sich, wie die indigene Bevölkerung sich
mit Feuerwaffen der spanischen Kolonialmacht widersetzen und ihr
angestammtes Territorium und eine gewisse politische und kulturelle Autonomie lange Zeit bewahren konnte (Guerra Curvelo, 20).
Der Waffenbesitz und der Schmuggel mit Waffen griffen tief in das

---

57 Es waren die mit den Spaniern verfeindeten Engländer und Holländer, mit denen die
    Wayuu Waffen schmuggelten. Wikipedia, »Wayuu People«.

Leben der Wayuu ein.[57] Der Anthropologe Guerra Curvelo, selbst Wayuu und in Riohacha wohnend, schickte mir seine 150-seitige Arbeit »La Disputa y la Palabra« (Der Streit und das Wort), die detaillierten Einblick in diese Konflikte gibt und deren aus einer alten Tradition stammenden Lösung.

Kriegerische Auseinandersetzungen zwischen den indigenen Stämmen auf der Halbinsel hätten bereits die spanischen Chronisten im 16. Jh. verzeichnet, vermerkt Guerra Curvelo (21). Begeht ein Mann einer Matrilinie einen Mord, Landraub oder stiehlt Vieh, schreibt er, ist sein ganzer Clan tangiert. Der Clan, dem das Unrecht zugefügt wurde, tritt dem schuldigen Clan gegenüber. Der alten Tradition folgend wird ein »Palabrero« gesucht, der zwischen den beiden vermittelt. Ein Palabrero (wörtlich »Sprecher«) muss redegewandt sein, d. h. die richtigen Worte, Palabras, finden, vor allem aber einen Namen als integrer Vermittler haben (48). Er bewegt sich zwischen den beiden Clans, bis eine Lösung erzielt ist, die gewöhnlich darin besteht, dass der Aggressor-Clan eine bestimmte Zahl an Vieh, Schmuck oder Land an den Clan, dem Unrecht geschehen ist, übergeben muss. Interessant finde ich eine Feststellung von Guerra Curvelo, die auf ein ehemals praktiziertes Ausgleichssystem hindeutet, nämlich, dass diese Restitution, dieser Schadenersatz, mit der die interne Auseinandersetzung beendet wird, auch einer Art Umverteilung gleichkommt, die dazu dient, das soziale Gleichgewicht aufrechtzuerhalten in einer Gesellschaft, die keine zentrale politische Macht kennt (21). Noch bemerkenswerter ist, dass durch eine solche auf Verhandlungen basierende Konfliktlösung der Friede bewahrt wird. Die Wayuu kannten keine Polizei und keine Gefängnisse. Damit wurden sie erst seit der Kolonialzeit und verstärkt heute durch die Machtausübung der nationalen Regierungen konfrontiert. In Konfliktsituationen sei die Anwesenheit der mütterlichen Onkel als

Repräsentanten ihrer Gruppe gefordert, schreibt Guerra Curvelo. Aber er formuliert auch, dass die Frauen einen großen Einfluss auf die Entscheidungen der Männer hätten (32). Dies illustriert er mit einem Fallbeispiel von einem Palabrero, der seine Berufung den Ratschlägen seiner Mutter zu verdanken habe. Als er noch jung war, hatten die Söhne seiner mütterlichen Tanten Vieh aus seiner Herde gestohlen. Er schwor Rache und wollte sie umbringen, woraufhin seine Mutter ihn zurechtwies. Sie schickte ihn nach Riohacha auf die Schule und habe geglaubt, dass das, was er dort lerne, ihn zu einem friedfertigen Mann machen würde zum Wohle der Familie. Doch dann habe sie gesehen, dass aus ihm ein Sohn ohne jegliches Urteilsvermögen geworden sei. »Ich, die ich im Gegensatz zu dir nie den Boden unserer Ahnen verlassen habe, beweise mehr Verstand als du. Wie wagst du zu sagen, dass du deine Brüder töten willst? Ich weiß, dass sie dich beraubt haben, doch sie haben es getan, weil sie jung und besitzlos sind. Wozu dient der Reichtum eines Mannes, wenn seine Familie nichts hat? Draußen würden sie sagen, dass du ein reicher Eigenbrötler bist, während deine Familie arm bleibt, und das ist das Schlimmste, was sie dir ins Gesicht schleudern können. Morgen gehst du zu deinen Brüdern und gibst jedem einige Tiere, damit sie ihre eigenen Herden züchten können, und wünsche ihnen fortan nichts Böses« (50ff).

Die Funktion des Vermittlers in der Person des Palabrero können beide Geschlechter ausüben, schreibt Watson-Franke (»Social Pawns«, 27). Auch der Palabrera, also der weiblichen Vermittlerin, käme eine Führungsrolle zu. Eine ihrer Informantinnen antwortete ihr, dass ein Mädchen schon früh auf eine spätere Palabrera hin vorbereitet werden kann. Sie hatte eine berühmte Palabrera zur Großmutter. Diese hätte ihre Aufgabe besser als ein Mann verrichtet. Ihr Vater wäre von ihr zum Palabrero ausgebildet worden (28). Ich konnte mir ein Video ansehen, wo Carlos Colmenares auf einem internationalen Forum zu den Rechten der Indigenen auf Guajira eine Palabrera interviewte. Ihr Name wird in dem Video nicht genannt. Ich sah eine selbstbewusste Frau, die als Palabre*ra*, nicht als Palabre*ro* (männliche Form) bzw. mit dem Wayuu-Wort *pütchipü'ü* angesprochen werden will. Aus ihren Antworten geht hervor, dass sie auch bei gravierenden Delikten vermittelt. Watson-Franke führt die Betonung eines männlichen Palabrero als Führungspersönlichkeit auf die Verwechslung des Palabrero mit dem *cacique* zurück (»Social Pawns«, 27). Nach Lawrence Watson tritt der *cacique* manchmal auch in der Funktion eines Palabrero auf (»The Education of the Cacique«, 297). Mit diesem wollen sich aber Palabreras nicht identifizieren. Frauen wollen keine *caciques* sein, betonten mehrere Informantinnen Watson-Franke gegenüber. Das würden sie den Männern überlassen (30). Die *cacique* Rolle wird für sie mit Krieg verbunden. Das bestätigt auch Lawrence Watson. Im Aufgabenbereich der *cacique* läge es, über Krieg und Frieden zu verhandeln und vorübergehend die militärische Führung zu übernehmen (290). Die von außen der Guajiro Kultur aufgezwungene Führerschaft steht im Gegensatz zur indigenen Kultur, wo sehr wohl einmal eine Frau ihrer Nation vorstehen konnte. Páez berichtet von einer *squaw* (Indianerfrau) namens Rosa, die Führerin ihres Volkes, d. h. der Wayuu, und eine ausgezeichnete Reiterin und Bogenschützerin gewesen wäre (zit. in »Social Pawns«, 30).

Den Guajiro Frauen kommt nach Watson-Franke eine entscheidende Rolle als Friedensstifterinnen zu. Wenn männliche Verwandte sich befehdeten, würde von den Frauen erwartet, dass sie in Wort und Tat schlichtend eingreifen. Ihre Sprachgewandtheit würde hoch geschätzt, und sie würden diese Kunst als Friedensstifterinnen, zur Verwirklichung ihres kulturellen Ideals von Frieden und Harmonie, einsetzen (»Social Pawns«, 27). Aufgrund ihrer besonderen Fähigkeiten spielen Frauen auch sonst eine herausragende Rolle. Sie sollen verantwortungsvoller und geduldiger agieren als Männer und mit Geld umzugehen wissen, schreibt Mancuso (11). Daher liegt das Handeln und Verhandeln mit den kolumbianischen bzw. venezolanischen Händlern und Behörden oft in ihren Händen (zit. in Guerra Curvelo, 38). Das verschafft ihnen Bewegungsfreiheit, z. B. indem sie problemlos zwischen Kolumbien und Venezuela pendeln, in die Stadt oder eine andere Rancheria gehen, um Waren zu verkaufen, Besuche zu machen oder an Treffen teilzunehmen – etwas, was nach Mancuso einem Mann nicht möglich ist, ohne Gefahr zu laufen, angegriffen zu werden (11).

Ihre persönlichen Fähigkeiten, aber auch ihre größere Nähe zum Übersinnlichen und zu Pulowi prädestinieren die Frau zur Schamanin, die in der indigenen Sprache *piache* genannt wird. Das Schamanentum ist nicht an das Geschlecht gebunden, doch es gibt mehr weibliche als männliche Schamanen, nach Michel Perrin ist das Verhältnis 1 zu 7 (*The Way of the Dead Indians*, 130). Sie genießen einen hohen Status in der Guajiro-Gesellschaft und werden für ihre Bemühungen gut belohnt. Die erste *piache* soll laut mündlicher Überlieferung eine Frau gewesen sein (Watson-Franke, »Guajiro-Schamanen«, 195). Zur *piache* wird sie durch einen Traum berufen. Sie erkrankt, und in diesem Krankheitszustand reist sie in die »andere Welt«, die Welt der Totengeister (196). Sie kann Träume deuten, und Träume sind von ganz besonderer Bedeutung für die Guajiro. So enthalte der »symbolische Traum« einer Guajiro eine Botschaft an die ganze Gruppe, die die Schamanin dank ihres Kontaktes zur spirituellen Welt dann interpretiert (»Social Pawns«, 34). Der Traum, schreibt Watson-Franke an anderer Stelle, gestatte eine Verbindung zu den übersinnlichen Mächten, wodurch die soziale Balance aufrechterhalten werde. Zu träumen sei eine bestimmte Art zu leben (*Tradition and Urbanisation*, 107). Schaman/in zu werden ist nicht nur eine Berufung. Um eine erfolgreiche Heilerin zu werden, so Watson-Franke, bräuchte sie auch die Unterweisung durch eine ältere erfahrene *piache*. Der Unterricht könne bis zu 40 Tage dauern, wo »Schülerin und Lehrerin zusammen eingeschlossen werden« (»Guajiro-Schamanen«, 198). Zur Behandlung von Patient/innen benötigt die *piache* Tabak, Rasseln und eine Kappe; in ihrer Vorgehensweise lässt sie sich von den Geistern leiten. Sie kennt zwar heilende Kräuter, doch wichtiger sei der Kontakt mit den Geistern (201). Ihr Kontakt mit der Welt der Geister mache die *piache* zur idealen Vermittlerin in der Guajiro Gesellschaft (»Social Pawns«, 35). Michel Perrin vermutet, dass die Zahl der Schamaninnen deshalb zunehme, weil Frauen mehr als Männer unter dem Zerfall der sozialen Ordnung in unserem Jahrhundert leiden würden (zit. in Mancuso, 11), und Mancuso schlussfolgert, dass es der Schamanin als spirituelle Instanz vorbehalten sei, zwischen dem Vertrauten und dem Fremden zu vermitteln (11). Das erinnert mich vage an den Mamo bei den Kogi, der die Fähigkeit besitzt, die materielle mit der geistigen Welt *aluna* zu verbinden. Auch er musste diese Fähigkeit als Moro erlernen. Allerdings wird *aluna* nicht mit der Welt der Geister gleichgesetzt, doch auch Reichel-Dolmatoff spricht von Geist-Wesen bei den Kogi, die mit Weihegaben zufriedengestellt werden müssen (»Training for the Priesthood«, 269).

Eine Schamanin wird auch zu Hilfe gezogen, wenn ein Clan den Mord an einem seiner Mitglieder zu beklagen hat. Hier würde die säkulare Autorität der mütterlichen Onkel vorübergehend suspendiert zugunsten der rituellen Autorität der Schamanin, die nun die Kontrolle über die Gruppe übernimmt, schreibt Guerra Curvelo (49). Hellseherisch wird aus den Rauchwolken von Tabak und aus Träumen die Vorgehensweise abgelesen. Diesem Ritual, bei dem wertvolle Tiere geopfert werden, seien alle Männer der Matrilinie unterworfen. Es soll den Teamgeist des Clans und der Männer beleben, besonders derjenigen, die dann die Friedensverhandlungen zwischen den oppositionellen Gruppen führen. Die Schamanin muss sich einige Tage ohne Kontakt zur Außenwelt in sexueller Abstinenz und mit eingeschränkter Nahrung auf das Ritual vorbereiten. Solche Rituale sollen tief verwurzelt in der Tradition der Wayuu sein (49). Mit Hilfe der Geister steht die *piache* den Ritualen bei Mordfällen vor, heilt Kranke und auch Tiere, kann verloren gegangene wiederfinden; hilft Frauen bei der Geburt und bei der Verhütung von Schwangerschaften (Watson-Franke, »Guajiro-Schamanen«, 204-206). Doch bei Begräbniszeremonien, weder bei den primären noch den sekundären, schreibt Hans Tanner, würden Schamaninnen oder Schamanen – die er Medizinmänner nennt – keine besondere Rolle spielen. Hier wären die Frauen der Matrilinie eingebunden (»Ethnologische Beobachtungen«, 257) Laut Email von Guerra Curvelo gehe die Zahl der Schamaninnen zurück seit dem Vormarsch der Evangelikanen, die sie als teuflische Wesen (seres satánicos) stigmatisieren und terrorisieren. Nach Wikipedia hat der Evangelikanismus durch intensive Missionierung aus den USA bei der traditionell römisch-katholischen und indigenen Bevölkerung in Kolumbien bereits 21 Prozent erreicht. Ich habe bereits bei den Wiwa auf diese Infiltration hingewiesen. Doch von der katholischen Kirche wurden schon im 19. Jahrhundert Schaman/innen als Zauberer bezeichnet und der Hexerei beschuldigt (Alicia Reichel-Dolmatoff, 339). Ich hätte gerne eine Schamanin kennengelernt, aber auf Iwanya, sagte mir Claudia, gäbe es nur einen Schamanen, und der war gerade zu einer schwerkranken Frau gerufen worden. Das Heilungszeremoniell, mit Hilfe des Hilfsgeistes Wanülü, könne bis zu drei Tagen dauern. Da war ich längst abgereist.

Am Abend befestigte Claudia eine Hängematte in der Hütte, sie war mein Bett für die Nacht. Eine zweite war für sie gedacht. Wahrscheinlich war sie besorgt, dass ich mich in der nach allen Seiten offenen Hütte, die ziemlich einsam dastand, und wegen der herumstrolchenden Tiere, alleine unwohl fühlen könnte. Am nächsten Morgen führten drei Wayuu für mich einen Tanz auf: eine Frau mit einem roten Schleier, den sie tanzend hin und her bewegte, ein Junge mit einem mit Federn geschmückten Kopfband, der rückwärts ihren Bewegungen folgte, und ein Mann, der mit der Trommel den Rhythmus dazu gab. Es soll sich um eine verkürzte Version des traditionellen Yonna-Tanzes gehandelt haben, der für Tourist/innen dargeboten wird und den sie für mich allein vorzuführen bereit

Hütte mit den zwei Hängematten

Yonna Tanz, der für die Autorin auf Iwanya aufgeführt wurde

89

waren. Dieser Tanz soll tief in die Geschichte der Wayuu zurückreichen und erlebt heute eine Renaissance. Auffallend ist, dass die Frau,
die ihren Schleier wie Flügel ausstreckt, den Jüngling vor sich her-
treibt, er immer im Rückwärtsschritt, und, wie ich bei Michel Perrin
lese, die Frau den Mann schließlich zum Straucheln bringe. Der
Yonna-Tanz, so schreibt er, würde den Kampf der Geschlechter nachahmen, bzw. eine Karikatur desselben, wobei die Frau Pulowi und
der Mann Juyá, also das mythische Ehepaar ihrer Schöpfungsgeschichte, repräsentiere (*The Way of the Dead Indians*, 125-126). Es
sind vor allem Frauen, die diese Tänze wiederbelebt haben. Getanzt
wird auf öffentlichen Plätzen zu verschiedenen Anlässen: nach
einem bedeutungsträchtigen Traum, für Regen, bei Krankheit und
Todesfällen, am Ende der Initiationszeit eines Mädchens. Da laden
die Eltern Freunde und Nachbarn zu einem großen Fest ein und stellen ihre Tochter nun als Erwachsene *(majayut)* vor. Die *majayut* tanzt
den Yonna mit einem der jungen Männer. Ich habe mir etliche
Videos mit verschiedenen Formen des Yonna angesehen und war be-
eindruckt, wie der Tanz von den Anwesenden emotional mitgetragen
und aktiv mitgefeiert wurde.[58] An dessen ursprüngliche Bedeutung
scheint sich kaum mehr jemand zu erinnern, was ich bei meinen
vielen Nachfragen feststellen musste.

Wie bei den Kogi gibt die Kosmologie der Wayuu Aufschluss über
ihr sich veränderndes Weltbild. In den überlieferten Mythen über die
Entstehung des Universums und der Erde bilden sich Machtstrukturen ab, an denen sich ihre Auffassung vom Verhältnis der Geschlechter ablesen lässt. Johannes Wilbert gibt einen Schöpfungsmythos
wieder, wo der Kulturheld Maleíwa als Schöpfer der Guajiro bezeichnet wird, als Töpfer-Schöpfer, der von unter dem Felsen und aus dem

---

58 aufzurufen unter *Yonna*.

Wasser die Menschen erschafft. Doch hätte er nicht ex nihilo, also von Anfang an, existiert: Er hatte eine Mutter. Und so gab es in der Guajiro Genesis von Anfang an eine Frau. Sie lebte allein bis sie eines Tages während ihrer Menstruation einem mächtigen Gewitter begegnete, schwanger wurde und das Kind Maleíwa gebar. Maleíwa wurde also, so Wilbert, von der ewigen Mutter, »eternal Mother« geboren, ohne Mithilfe eines Mannes. Der Name dieser Mutter ist: Mutter von Maleíwa. Einer anderen Version dieser Genesis zufolge hätte Maleíwa den Kosmos geschaffen mit allem pflanzlichen und tierischen Leben darin. Dann brachte er aus der Brandung der Meereswellen weibliche Tiere hervor, die sich schließlich zu Frauen verwandelten. Er führte sie an Land, wo sie den indigenen Männern begegneten und sich mit ihnen paarten. Jede Frau wurde die Mutter einer Sippe, einer *eiruku*. Dieser Mythos soll die Mutterlinie erklären, die hier nicht auf die Mutter, sondern auf Maleíwa zurückgeführt wird (Wilbert, »Guajira Kinship«, 308-309). Wilbert weist auf die widersprüchliche Erklärung dieses Schöpfungsmythos hin. Die Ethnologin Watson-Franke übernimmt von Wilbert den Ursprungs-mythos und stellt kategorisch fest: »Am Anfang der Guajiro war die Frau. Die Frau wurde Mutter. Ihr Sohn ist Maleíwa, der Schöpfer. Er wurde von der Frau allein geboren. Er hatte keinen Vater. Mutter und Kind waren vor der Schöpfung aller Wesen« (*Tradition und Urbanisa-tion,* 7). Wilbert und Watson-Franke haben die sich widersprechen-den Mythenstränge aufgelöst und das Primat der Urmutter konsta-tiert, das allen matriarchalen Kulturen zugrunde liegt.

In einer von Michel Perrin wiedergegebenen Version (zit. in Mancuso, 7) stellen Juyá das männliche und Pulowi das weibliche Prinzip antagonistisch dar. Juyá, dessen Name »Regen« bedeutet, wird Vater der Wayuu genannt, repräsentiert den Himmel, be-herrscht das Leben auf der Erde, ist reich, hyperviril und stellt überall auf der Halbinsel Guajira seinen Frauen Pulowi nach, die sich sowohl in einer als auch in pluraler Gestalt manifestiert. Sie ist Herrin der wilden Tiere an Land und im Meer, hat ihren festen Platz im Meer oder in Wasserquellen. Als schöne Frau mit langem Haar, die sich aber auch in ein Tier verwandeln kann, verführt sie Männer und tötet sie. Darin sieht Perrin das Spannungsverhältnis zwischen Mann und Frau. Ich deute es aber als männliche Projektion auf die Frau. Denn Perrin fährt fort, dass Juyá den reichen und polygamen Wayuu-Mann repräsentiere, der turnusmäßig, wie bereits beschrieben, seine Frauen an ihren Wohnorten besuche. Pulowi dagegen sei sowohl mit dem Tod assoziiert als auch mit der Reproduktion der Natur und des Menschen, und spiegele so die Rolle der Wayuu-Frau, die ihre Nachkommenschaft garantiert. Vom Regen hängt in der wüstenartigen Halbinsel Guajira, wo es nur zweimal im Jahr regnet, das Überleben ab. Und so ist es nicht verwunderlich, wenn in den Wayuu-Mythen Regen eine zentrale Rolle spielt. Im Wikipedia-Artikel »Wayuu« steht, Regen sei das Produkt der Vereinigung von Pulowi und Joyá.

Eine patriarchale Vorstellung, die uns vertraut ist, nämlich, dass die Frau für den Mann potentiell gefährlich und daher zu zähmen sei, wird auf Wolunka, eine weibliche Figur der Wayuu-Mythologie, projiziert. An ihr zeigt sich deutlich der Wandel von einer mächtigen, dann revoltierenden und schließlich einer besiegten Göttin. Sie wird die Erstgeborene genannt und war meiner Ansicht nach wohl ursprünglich eine Schöpfergöttin. Dann wird sie aber mit einer Vagina dentata versehen, wodurch sich kein Mann mit ihr vereinen konnte bis zu dem Tag, wo zwei Brüder sie beim Baden überraschten und mit einem Pfeil die »Zähne« ihrer Vagina abschossen, so dass sie blutete. Das hätte ihre prokreative Fähigkeit freigesetzt. Für Perrin soll dieser Mythos die Menstruation der Frau erklären (zit. in Mancuso, 7-8).

Am Tag meiner Abreise brachte mich ein junger Wayuu auf einem Motorrad in das 25 km entfernte Flamingo-Schutzgebiet, das zum Wayuu-Territorium gehört und 700 Hektar umfasst, wo Tausende von rosafarbenen Flamingos sich scheu im Wasser bewegten und bei jedem Geräusch aufflogen. Daher ist es nur Ruderbooten erlaubt, ihnen nahe zu kommen. Welch ein Schauspiel!

Mit Motorrad zum Flamingo Schutzgebiet

Ich wollte noch weiter in den Norden zu dem Wayuu-Fischerdorf Cabo de la Vela, das einmal für seine Perlenbänke berühmt gewesen ist, die die Begehrlichkeiten der europäischen Eroberer seit dem

Flamingos im Flamingo Schutzgebiet

16. Jahrhundert weckten und für deren Ausbeutung sie Wayuu (und nicht nur sie) zu Perlentauchern versklavten. In der Werbung wird Cabo de la Vela als Wüstenparadies angepriesen und so für Touris-

mus gesorgt. In einem Geländewagen mit fünf weiteren einheimischen Tourist/innen legten wir die 180 km von Riohacha bis nahe an die Nordspitze des Kontinents zurück. Mit Venezuela auf der einen und der Karibik auf der anderen Seite ist diese Strecke berühmt berüchtigt wegen seiner Schmuggler, Drogenhändler und Guerillas. Die erste Teilstrecke führte auf einer gut asphaltierten Straße an den Eisenbahnschienen entlang. Wir passierten einen erst kurz zuvor zusammengeschossenen Zug, dessen Wrackteile noch herumlagen,

Arbeiter in den Salinen von Manaure

erfuhren, dass an jenem Tag gerade ein spanischer Tourist entführt worden war – Ereignisse, die unser Chauffeur nur mit einem Achselzucken abtat, so sehr scheint es zum Alltagsleben zu gehören. Wir besuchten die Salinen von Manaure, wo bereits die Ureinwohner/innen in vorkolumbianischer Zeit mit Salz, dem weißen Gold, gehandelt hatten, dessen Ausbeutung ihnen dann weitgehend entzogen und heute von einem multinationalen Konzern übernommen wurde. Dort finden sie als Tagelöhner Arbeit, wie auch in Uribia, einer Stadt, in der hauptsächlich Wayuu angesiedelt sind und in deren Distrikt sich der Kohlebergbau Cerrejon befindet. Eisenbahn, Salinen, Kohlebergbau: Sie zerstören angestammtes Territorium der indigenen Bevölkerung und sind Anlass blutiger Auseinandersetzungen.

Von Uribia an führte der Weg über Sand durch die Wüste. Nur ein Geländewagen mit Allradantrieb kann diese Strecke durch die Sanddünen bewältigen. Sie erinnerte mich an die ägyptische Wüste. Hitze, heftige, mich beinahe umwerfende Passatwinde, Sand in den Augen, das war der Preis, den ich für meine Neugierde bezahlen musste. Aber der Einblick in die Lebensweise dieser Menschen, die im Wüstensand zu überleben gelernt haben, was meine auf Iwanya gewonnenen Eindrücke über das Leben der Wayuu ergänzte, kompensierte dafür. Ich zog es vor, in unserer Unterkunft *Cabo Playa* in einem Zimmer mit Bett zu schlafen, anstatt wie die an-

Durch den Wüstensand und Passatwind nach Cabo de la Vela

deren unter freiem Himmel in einer Hängematte, wodurch ich mich allerdings um das Erlebnis brachte, nachts Sterne und Mond sich im Meer spiegeln zu sehen. Doch den überwältigenden Sonnenaufgang und -untergang am Meer konnte ich miterleben. Von Cabo de la Vela aus stiegen wir auf den Cerro Pilón de Azucar, einen Berg von mythologischer Bedeutung, auf dessen Bergspitze eine Grotte mit der Statue der Jungfrau von Fatima steht, was in meinen Augen auf eine christliche Vereinnahmung eines indigenen Kultortes hindeutet. Laut spanischem Internet-Eintrag »Pilón de Azucar – Off2 Colombia« handelt

Sonnenaufgang über Cabo de la Vela

Sicht auf den Cerro Pilón de Azucar

es sich um einen Ort, wo die Indigenen mit ihren Ahnen kommunizieren. Der deutsche Wikipedia-Eintrag »Wayúu« nennt das Land der Toten Jepira, und situiert diesen mythischen Ort in »einer einzelnen Bergspitze, die aus der Ebene ragt«, mit realem Ortsbezug am Cabo de la Vela. Michel Perrin spricht in seinem Buch *The Way of the Dead Indians* davon, dass Jepira, das Land der Toten, von Cabo de la Vela aus wie eine Insel mit einem einsamen Berg in der Mitte erscheine, wo sich die Geister der Toten umtrieben und daher in den Augen der Guajiro als düster und gefährlich wahrgenommen würde (98-99). Dieses Land sei unsichtbar, doch in Träumen oder mittels der *yolujas* – übernatürlichen Wesen oder Schatten der Toten – könnten die Lebenden mit den Toten kommunizieren (100). Und diese Fähigkeit wird vor allem der Schamanin zugesprochen. Perrin schreibt weiter, das Land der Toten, Jepira, würde die Welt der Lebenden wiederspiegeln, d. h. die Geister der Toten würden ein gesellschaftlich organisiertes Eigenleben führen. In dieser Gesellschaft der Toten würde die Jepira Frau die aktive Rolle im Sexualverhalten spielen, sie könne sich weigern, mit ihrem Mann zu schlafen, wozu im wirklichen Leben die Guajiro Gattin verpflichtet sei. Auch hätten in diesem Schattenreich die Frauen mehrere Männer, wohingegen im Land der Lebenden die Männer polygam wären und Frauen für Ehebruch bestraft würden (101). Ich lese daraus Hinweise auf matriarchales Gedankengut ab, das im Land der Toten bewahrt wird, während sich in der aktuellen

Gesellschaft das Patriarchat verfestigt. Es war ein bewegendes Gefühl, den Boden dieser imaginierten Schattenwelt betreten zu haben.

Die Wayuu kämpfen ums Überleben ihrer Ethnie, um die Anerkennung ihrer Landrechte in Kolumbien und Venezuela. Bereits durch die Jahrhunderte nach der spanischen Kolonisierung geschwächt, wird die matrilineare Kultur der Guajiro heute durch die kapitalistische Marktordnung in ihrer grundlegenden Struktur erschüttert (Watson-Franke, »Zur Desintegration«, 3). Wegen Wassermangel, Verarmung und Vertreibung aus ihrem angestammten Gebiet wandern viele in die Städte ab, oft nur zeitweise, weil ihre tiefe Verbundenheit mit ihrer angestammten Erde sie immer wieder

Die Autorin vor der Grotte mit der Jungfrau von Fatima auf der Bergspitze von Cerro Pilón de Azucar

zurückholt in die Guajira. Sie nehmen auch eine lange Reise in Kauf, um ihre Toten auf dem Friedhof ihrer Mutterlinie zu begraben. In der Stadt fallen sie aus dem engen Netz sozialer und wirtschaftlicher Sicherung, in dem sie sich geborgen fühlten, heraus (4-6). Doch mit der Rückkehr zu ihrem Verwandtschaftsverband wird auch dieser tangiert, d.h. das traditionelle System insgesamt wird brüchig (3). Watson-Franke beschreibt die sinkende Bedeutung des Mutterbruders zugunsten des Vaters im Kontakt mit der industriellen Gesellschaft.

In dieser sie zunehmend entmachtenden Welt sind es vor allem die Wayuu Frauen, die, fest verwurzelt in ihrer *eiruku,* sich trotz

97

aller Widrigkeiten oder gerade deswegen, als stark erweisen. Ich spreche sie nun wieder als Wayuu an, mit ihrem angestammten Namen, mit dem sie sich sprachlich aus ihrer Fremdbestimmung emanzipieren. So nennt sich eine Frauenorganisation »Fuerza de Mujeres Wayuu« (die Stärke der Wayuu-Frauen), eine Gruppe, die sich für die Rechte der Frauen einsetzt. 2010 hat sie bei der UNO gegen Menschenrechtsverletzungen protestiert. Als Anführerin ihrer Ethnie nahm Carmen Ramirez Boscán am ersten internationalen Forum indigener Frauen aus ganz Lateinamerika in Lima teil, das unter der Parole stand: Die indigenen Frauen organisieren sich.[59] Patricia Velásquez, eine Wayuu mütterlicherseits aus Venezuela, heute eine berühmte Schauspielerin, gründete 2002 die Wayúu-Tayá-Stiftung zur Förderung und Unterstützung der Ethnie der Wayuu. Frauen organisieren Workshops, klären die Bevölkerung über ihre Rechte als Indigene auf, appellieren an die UNO und verweisen auf die UNO-Resolution 169, die ihnen die Hoheit über ihr Territorium garantiert. Doch 2007 unterzeichneten die Präsidenten von Kolumbien und Venezuela einen Vertrag für eine Gasleitung quer durch Wayuu-Gebiet, ohne vorherige Konsultation. Cerrejon stahl ihnen riesige Landflächen für das Kohlebergwerk und behauptet bis heute, es sei ihr Privatbesitz. Die Eisenbahn, die die Kohle transportiert, durchschneidet Wayuu-Land. Das Kohlebergwerk macht sie krank, verursacht enorme Umweltschäden, berichtet Alexandra Endres (»Die Kohle ist blutbefleckt«). Jedes Aufbegehren wird mit Gewalt und Mord beantwortet. Lorena Hernandez vom Epiayu-Stamm sagt, dass sie nicht mehr frei sind in ihrem Land. Jede dieser Frauen, die als Sprecherin in einem Video auftrat, identi-

---

59 Diesem Forum folgte 2013 die »World Conference of Indigenous Women« in Lima mit nachfolgenden Veranstaltungen auf UN Ebene. Carmen Ramirez Boscán ist international bekannt als Sprachrohr für indigene Frauen. Sie kann im Netz unter ihrem Namen aufgerufen werden.

fizierte sich mit ihrem Stamm, auch diejenigen, die schon lange unter den Alijunas, den Nichtindigenen, wohnen. Und immer wieder verweisen die Frauen auf Mutter Erde. »Ich will nicht, dass sie meine Erde berühren und herausnehmen, was in ihr ist«. »Wir lebten in Frieden, denn das ist es, was die Mutter, die uns geboren hat, hinterließ«. Diese und andere Aussagen, die ich aus Videos entnommen habe,[60] zeigen, dass die Wayuu, trotz Vereinzelung in Städten, abgesondert von ihren Clans – ein Schicksal, das heute viele von ihnen ereilt –, noch in ihrer alten Kultur eingebettet sind, die, wie die der Kogi, von einer tiefen Ehrfurcht vor Mutter Erde geprägt ist. Oder, um es anders auszudrücken, von einem Innehalten, einer Empathie für alles Bestehende, was die Nachkommen der Tairona und die Wayuu davon abgehalten hat, in die Erde und den Weltraum und den Frauenkörper einzudringen.

Vergewaltigung und Frauenmisshandlung gab und konnte es bei diesen und allen anderen matriarchal verwurzelten Kulturen früher nicht geben. Das ist eine Folgeerscheinung der patriarchalen Besitznahme von außen, von denen, die die Kogi »die jüngeren Brüder« nennen, und wofür die Wayuu die multinationalen Konzerne und nationalen Regierungen mit ihrem Repressionsapparat verantwortlich machen. Es kommt nicht von ungefähr, dass Wayuu-Frauen Führungspositionen übernommen haben in einer ihrer Ethnie gegenüber feindlich gesinnten Gesellschaft. Sie sichtbar zu machen und mitzuhelfen, ihre Vergangenheit wachzuhalten, sah ich in meinem Bericht als meine Aufgabe an.

---

60 Diese Videos sind anzusehen unter dem Link »Fuerza de Mujeres Wayúu«, werden aber häufig ausgeblendet.

Während die Wayuu um das Überleben ihrer Ethnie und um den Erhalt von Werten aus ihrer matriarchalen Vergangenheit kämpfen, prägte patriarchale Gewalt das frühere Leben der Frauen von Nashira – meinem nächsten Reiseziel –, die sich nun anschicken, mit matriarchalen Leitbildern eine gewaltfreie und friedliche Zukunft zu gestalten.

Ein Besuch im Frauendorf Nashira

Im November 2013 fand in Nashira bei Cali im Südwesten Kolumbiens ein Matriarchatskongress statt, initiiert von der deutschen Matriarchatsforscherin Heide Göttner-Abendroth. Zu früh für mich. Meine Reise nach Kolumbien war erst für Januar/Februar 2014 gebucht. Aber was hinderte mich daran, diesen Ort im Nachhinein zu besuchen? Ich kam gerade zur rechten Zeit, als die Frauen den Abschlussbericht, betitelt »Circulos Matriarcales«, ausarbeiteten, und konnte so den Verlauf der Tagung nachverfolgen.[61]

Abschlussritual des Matriarchatskongresses in der Agora von Nashira

Nashira, unweit von Cali gelegen, ist ein Ökodorf für allein erziehende Mütter, die unter der Armutsgrenze leben, eine Subsistenz-

---

61 Diesen (unveröffentlichten) Bericht hat Angela Dolmetsch im März 2014 auf der Matriarchal Studies Conference in San Antonio, Texas, vorgestellt.

wirtschaft zur Selbstversorgung aufbauen und matriarchale Werte in ihre Lebensgemeinschaft integrieren wollen. Die Entstehungsgeschichte, die mir die aus Cali stammende kolumbianische Gründerin Angela Cuevas de Dolmetsch, mit der ich heute befreundet bin, erzählte, ist so faszinierend, dass ich damit beginnen möchte. 1990 traf sich der Internationale Juristinnenbund FIDA (Federación Internacional de Avocadas) in Cartagena an der Karibikküste, um die kolumbianischen Juristinnen zu unterstützen, das Ziel von FIDA, weltweit eine 50-prozentige Repräsentation von Frauen auf Regierungsebene zu erreichen, auch in die neue kolumbianische Verfassung einzubringen. Den Frauen war klar, dass eine Partei nötig war, um diesen Forderungen Nachdruck zu verleihen. So entstand 1992 die von Angela gegründete Frauenpartei »Mujeres por la Democracia«, die sich für die Sichtbarmachung der Frauen in der Regierung einsetzt,[62] u. a. auch für eine Legalisierung der Abtreibung. Eine Erhöhung des Frauenanteils in der Regierung hat sie inzwischen erreicht: Nach dem Quotengesetz von 2000 sind laut Angela 30% der höchsten Regierungsämter Frauen vorbehalten. Die zweite Forderung wurde nur teilweise erfüllt. Abtreibung bleibt weiterhin verboten, doch die Auslegung des Grundgesetzes, das »die fundamentalen Rechte der Frau schützt« (Sentencia T-388/09), gibt einer Frau die Möglichkeit, ihre Schwangerschaft in bestimmten Fällen zu beenden. Das Erste für die neue Partei war, die nötigen Stimmen für eine Parteigründung zusammenzubringen. Viele ihrer Wählerinnen kamen aus ärmeren Schichten, und aus dieser Wählerinnenschaft entstand 1995 ASOMUCAF, »Asociación de Mujeres Cabeza de Familia«, also eine Organisation von weiblichen Familienoberhäuptern. Einige dieser Frauen verdienten ihr Geld damit, dass sie handgemachte Papierwaren aus Altpapier herstellten, ein Handwerk, das sie später im Zusammen-

---

62 Angela ließ sich für einen Senatorinnensitz aufstellen, hatte aber keine Chance.

hang mit Nashira erfolgreich weiterentwickelt haben. Unter ihnen waren mehrere Frauen, die in gemieteten Zimmern wohnten, aus denen sie ständig vertrieben wurden. Es war Angelas Idee, nach einer Lösung zu suchen, wie ihnen zu einem festen Wohnsitz verholfen werden könnte. Sie wandte sich an den Bürgermeister von Cali auf der Suche nach Bauland. Er war von dem Projekt angetan, doch die Frauen hatten sich zu früh gefreut. Der Bürgermeister wurde verhaftet wegen angeblicher mafiöser Geschäfte. Das war 1998, eine Zeit andauernder politischer Turbulenzen. Nun fand sich ein Mann aus dem benachbarten Palmira bereit, den dortigen Bürgermeister für das Projekt zu gewinnen. In der Nähe von Palmira gab es eine wunderschöne Farm voller Obstbäume. Der Bürgermeister stimmte zu, dieses Grundstück zu erwerben, doch vor Abschluss des Vertrags wurde auch er verhaftet. Der Grundbesitzer wollte für die 30 345 qm Land umgerechnet 300 000 US-Dollar. So viel Geld war unmöglich aufzutreiben. 2001 wendete sich das Schicksal zum Guten. Der Besitzer kontaktierte ASOMUCAF und sagte, er sei bereit, den Preis auf 75 000 US-Dollar zu senken. Angela griff zu, zahlte die Summe aus ihren eigenen Ersparnissen – und informierte ihren Mann erst drei Jahre später darüber. Das war die Geburtsstunde von Nashira, einem Ort, benannt nach der Göttin der Fülle, wie mir Angela erklärte, und gleichzeitig der Name eines weißen großen Sterns am Schwanz des Sternbildes Capricornus.

Fußweg, flankiert von Bananenbäumen, im Frauendorf Nashira

2002 wurde mit dem Bauen begonnen. Es entstanden die ersten vier Projekte: das Züchten von Kaninchen, Enten, Meerschweinchen, Wachteln. Das sorgte vorläufig für etwas Einkommen. Die Behörde für ländliche Entwicklung stellte außerdem etwas Startkapital zur Verfügung. Außerdem fand Angela heraus, dass der Staat über einen Etat verfügte, mit dem Häuser für mittellose Frauen finanziert werden konnten, falls die Grundstücke vorhanden sind und die Häuser in Eigenleistung gebaut werden. So entstanden die ersten 41 Häuser Nashiras und 47 weitere sind geplant. Die Häuser sind jeweils in einer Achterkonstellation gruppiert, was wohl ganz leise an die matrilokale Bauweise erinnern soll. Heute leben dort 88 Mütter mit ihren Kindern. Einige wohnen zusammen mit ihren Partnern. Auf meine Frage, warum hier auch Männer leben dürfen, antwortete Angela, dass es nach kolumbianischem Recht nicht erlaubt sei, Partner von Nashira fernzuhalten. Was Nashira auszeichnet, sei, dass Frauen Familienoberhaupt und Ernährerin sind, dass sie alle Entscheidungen treffen und alle Verwaltungspositionen besetzen. Was bei den Männern manchmal Frust erzeugt, so sehr sind sie gewohnt, die Zügel in der Hand zu halten. Laut Angela leben 39 Prozent der Frauen mit ihren Partnern zusammen. Die gesamte Einwohner/innenzahl gibt Angela mit 417 an. Diese Frauen, die sich als Familienoberhäupter definieren, erhalten keine Sozialhilfe. Der Staat zahlt lediglich das Äquivalent von 20 US-Dollar monatlich pro Kind, das in die Schule geht, von denen es zwei in der Nähe gibt. Mädchen und Jungen können danach zwei Jahre auf eine Berufsschule gehen. Auf die staatliche Universität schaffen es die Wenigsten und die privaten sind zu teuer.

Die in Nashira lebenden Frauen haben oft sexuelle Gewalt am eigenen Leib erfahren, auch Gewalt, Hunger, Vertreibung durch den seit den 1960er Jahren andauernden und nicht beendeten Guerilla- und Drogenkrieg. Sie sind also direkt oder indirekt Opfer patriarchaler Aggression.[63]

Nashira sollte den Rahmen abgeben, innerhalb dessen eine matriarchale Idee, die sich der kriegstreibenden Ideologie entgegensetzt, in die Praxis übertragen wird. Eine ambitionierte Aufgabe, sind diese Frauen und Kinder doch alle patriarchal sozialisiert worden. Das Experiment besteht auf der einen Seite auf dem erzieherischen, an diesen Idealen orientierten Überbau, auf der anderen in dessen Umsetzung in die Lebens- und Arbeitswelt der Frauen und Kinder. Ich war gespannt, was ich darüber bei meinem Besuch in Nashira erfahren würde.[64]

Manifest der Frauen des 21. Jahrhunderts im Dorfzentrum von Nashira

An prominenter Stelle im Dorf sah ich ein beeindruckendes Manifest hängen, das ich fotografiert habe und im Anhang des

63 Siehe Wikipedia »Bewaffneter Konflikt in Kolumbien« für einen geschichtlichen Rückblick, der zeigt, dass seit der Unabhängigkeitserklärung 1810 in Kolumbien unaufhörlich Kriege stattfanden.

64 Information zu Nashira unter <www.awhf.org.co>

Buches im spanischen Original wiedergebe. Dieses Manifest stellte Angela im Anschluss an den Matriarchatskongress in St. Gallen/ Schweiz, auf dem sie 2011 über Nashira berichtet hatte, zusammen.[65] Es ist gedacht als eine alltägliche Orientierungshilfe für die Frauen. Hier die von mir übersetzte Einführung:

* Manifest der Frauen im 21. Jahrhundert

Wir Frauen der Welt, die wir Mütter sind und Mütter haben, erklären:
Unsere Werte, die wir hier aufführen, sind mütterliche Werte, die auf der ganzen Welt in matriarchalen Gesellschaften anerkannt und praktiziert werden, nämlich: der Ethos der Fürsorge, der Erziehung, die Orientierungshilfe, die Bereitschaft zu geben [Schenkkultur], sich für den Frieden einzusetzen, die Geschlechtergleichheit, die Achtung vor dem Leben aller Lebewesen, die Unantastbarkeit von Pacha Mama/Mutter Erde.

Diese Präambel wird in 10 Punkten präzisiert und konkretisiert. Das meiste deckt sich mit dem, was unsere alternativen Bewegungen, inklusive der Frauenbewegung, fordern und vorführen: dass Frauen und Kinder, ja alles Leben auf der Erde heilig ist; dass die Verantwortlichen für die toxischen und radioaktiven Substanzen, für die Verseuchung der Meere zur Rechenschaft gezogen werden; dass alle Länder zur Nutzung alternativer Energiequellen und zur Energieeinsparung verpflichtet werden; dass nicht in den planetarischen Kreislauf, in die Atmosphäre, in das Erbgut künstlich eingegriffen werden darf, weder zu zivilen noch zu militärischen Zwecken; dass

---

65 Der englischsprachige Vortragstext »Nashira, Building a New Matriarchal Society in Colombia« ist im Kongress-Rückblick unter *Kongress-Matriarchatspolitik,* »Matriarchale politische Praxis« nachzulesen.

gleicher Lohn für gleiche Arbeit gelten soll, auch für die unbezahlte Arbeit der Mütter. Einiges bezieht sich speziell auf die kolumbianische Situation, wenn z. B. ein Ende der Sklaverei, der systematischen Gewalt und Unterdrückung eingefordert wird – Gewalttaten, die in der Erinnerung und im Alltag präsent sind in einem Land, wo heute noch indigene Bevölkerungsgruppen vertrieben werden. Der schwarze Bevölkerungsanteil Kolumbiens verweist sichtbar auf den Sklavenhandel im 16. und 17. Jahrhundert, als die Zahl der eingeschleppten Sklaven und Sklavinnen die der indigenen Bevölkerung übertroffen haben soll. So hat es mich nicht überrascht, dass ich auf der Isla de Barú praktisch nur Insulaner/innen afrikanischer Herkunft sah: Die Isla de Barú war eine ehemalige Sklaveninsel. Auch in Nashira leben Schwarze Kolumbianer/innen.

Die letzten beiden Punkte des Manifests sprechen ein matriarchales Anliegen an. Wir sollen das spirituelle Erbe alter matriarchaler Kulturen, die uns die enge Verbindung zwischen allen Lebensformen der Welt und dem Universum nahebringen, bewahren. Das ist auch im kolumbianischen Kontext relevant, wo die indigene Bevölkerung, die in der Kolonialzeit noch 50 Prozent der Gesamtheit ausmachte, 1988 auf ein Prozent geschrumpft war. Dieses eine Prozent teilt sich in etwa 50 verschiedene überlebende ethnische Gruppen auf, von denen einige, wie z. B. die Wayuu und die Nachkommen der Tairona, die ich besucht und von denen ich bereits berichtet habe, noch Reste matriarchaler Strukturen aufzeigen oder diese dort zumindest noch nicht ganz verschüttet sind wie bei uns.

Mich interessierte natürlich, wie solch globale Ansprüche sich im Alltagsleben von Nashira niederschlagen. Dass die Frauen einiges davon verwirklicht haben, konnte ich bei meinen Spaziergängen durch das Dorf feststellen: Da ist einmal die kommunale Toilette,

Wände aus mit Sand gefüllten Plastikflaschen der öffentlichen Toilette

Pacha Mama Wasserbecken, wo die Dusche durch Pedalen eines Fahrrads aktiviert wird

ökologisch konzipiert zur Wiederverwertung der Fäkalien als Dünger, deren Wände aus mit Sand gefüllten alten Plastikflaschen gebaut sind. Was für eine kreative Idee! Oder das Wasserbecken »Pacha Mama« in Form eines schwangeren Mutterleibes (was ich aber ohne expliziten Hinweis nicht erkannt habe), wo Wasser durch das Pedalen eines Fahrrads hochgepumpt wird und sich in einem Wasserstrahl zum Duschen ergießt. Der Solarofen, der es erlaubt, mit Sonnenstrahlen Brot zu backen – in diesem tropischen Gebiet ein Geschenk der Sonne, die gratis Energie liefert. Solche Öfen kommen

Solar- und Parabolofen

auch in Afrika zum Einsatz, aber viel zu selten, da sie keinen Profit abwerfen für Investoren. An Nashira erinnert wurde ich bei meinem Besuch auf der Finca AUTarca auf La Palma Ende November 2014, die das aus der Schweiz stammende Ehepaar Graf zum »Zentrum ökologischer Lebensentfaltung« gemacht hat nach dem Vorbild einer matriarchalen Subsistenzwirtschaft. Und da darf auch der Solarofen nicht fehlen. Ich habe Angela darüber berichtet, die an einem Erfahrungsaustausch interessiert ist. Sie können voneinander lernen, wie die Idee einer Matrikultur in ihrem unterschiedlichen Milieu umgesetzt werden kann.[66] Nashira hat sich eine eigene Währung gegeben, mit Nashiras kann innerhalb des

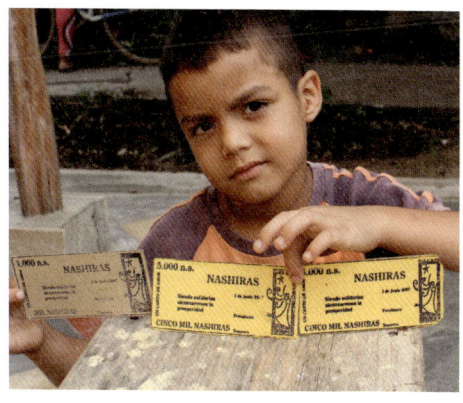

»Nashiras«, die eigene Währung in Nashira

Dorfes bezahlt/getauscht werden. Nashiras dienen als Tausch- bzw. Zahlungsmittel, um das Bankensystem zu umgehen. Die Wände der Häuser in Nashira bestehen aus wiederverwerteten Abfallstücken. Technik kann also ganz einfach ökologisch eingesetzt werden, auch zur Wasserversorgung und Abfallentsorgung. Welch eine Chance für die Frauen und Kinder, die das Glück haben, an einem solchen Projekt mitzuwirken.

Angela hatte dafür gesorgt, dass ich bei Elsy Martinez während meines Aufenthalts Unterkunft fand. Elsy lebt seit der Dorfgründung mit zwei ihrer sieben Kinder in Nashira. Wie Elsy beherbergen auch andere Frauen in ihren Häusern Gäste. Es ist eine zusätzliche Verdienstquelle für die Frauen, und dafür ist jeweils ein Gästezimmer im Obergeschoss vorgesehen. Elsy stellte mir für die zwei Tage ein einfaches Zimmer zur Verfügung, das die übrige Zeit die Kinder belegen, und versorgte mich mit leckeren Mahlzeiten. Das Dorf besteht heute aus elf Produktionseinheiten, in die die ökologische, subsisten-

---

66 Information zur Finca Autarka unter <www.matricultura.org>

Nashira Frauen bieten selbst produziertes Gemüse und Obst im Dorfladen an

tielle und wertschöpfende Bewirtschaftung des Dorfes aufgeteilt ist. Die einen widmen sich der Tierhaltung (der ersten Produktionseinheit des Dorfes), die anderen dem Obst- und Gemüseanbau oder der Vermarktung dieser Produkte. Das Angebaute wird einmal monatlich im Dorf (und außerhalb) verkauft. 50 Prozent des Eigenbedarfs an Obst, Gemüse und Fleisch können die Bewohner/innen selbst abdecken. Sie betreiben auch einen Dorfladen, verkaufen Secondhand-Kleidung, sammeln Abfall zur Wiederverwertung, zum organischen Kompostieren. In diesem tropischen Gebiet spielt sich das Leben meist im Freien ab. So ist das Restaurant, das die Frauen betreiben und das auch für Bewohner/innen anderer Gemeinden offen ist, eine offene Agora, d. h. ein öffentlicher Versammlungsplatz, wo auch alle anderen Veranstaltungen stattfinden. ASOMUCOF betreibt in Cali eine Töpferei, deren Produkte auch in Nashira vertrieben werden, sowie eine Glasschleiferei, wo aus Flaschen Trinkgläser hergestellt werden. Diese Glasschleiferei ist für Frauen aus Nashira offen. Sie können sich aber aus Kostengründen nur selten die Busfahrt nach Cali erlauben. Neuerdings gibt es ein Glasschneidegerät in Nashira. Dasselbe gilt für die Altpapierverarbeitung zu handgefertigten Schreibwaren und Geschenkartikeln, für die die Werkstatt ebenfalls in Cali angesiedelt ist, aber jetzt auch eine Frau in Nashira damit begonnen hat. Es sollen beliebte Geschenkartikel geworden sein. Ich bekam ein schönes Notizbuch als Andenken. Und die Visitenkarte aus Altpapier, die mir Angela gab, fühlt sich samten an.

Die Frauen selbst sind es, die in gemeinsamen Anstrengungen das Dorf aufgebaut haben und es am Leben erhalten. Sie sind zuständig für die Verwaltung: für die Wahl des Direktoriums, dem die Produktionseinheiten unterstehen, die Wahl einer Präsidentin, Sekretärin, Schatzmeisterin. Letztere Funktion hat im Augenblick Angela inne. Je drei Frauen gehören den neun gewählten Ausschüssen an, deren Aufgabe es ist, Konflikte zu lösen, Feste und Veranstaltungen zu organisieren, Öffentlichkeitsarbeit zu leisten und vieles mehr. Meine Gastgeberin Elsy, eine energische Frau, ist für die Dorfverwaltung zuständig, was u. a. beinhaltet, dass sie den Ausschuss für Konfliktlösung einberuft, wenn interne Probleme anzugehen sind. Und dazu gibt es oft Anlass. Sie kann auch psychologischen Rat einholen. Die größten Probleme, mit denen sich das Dorf herumschlagen muss, bereiten die Männer. So versuchte ein Mann, dessen Frau eine Führungsposition im Dorf innehatte, diese zu beeinflussen. Hier zeigen sich die gleichen Verhaltensmuster, die wir zur Genüge kennen, nämlich dass ein Mann glaubt, Macht ausüben zu müssen. In einem anderen Fall fing ein Mann ein Verhältnis mit der Frau eines Nachbarhauses an. Die verlassene Frau ging weg aus Nashira und verklagte ihren Mann auf Unterhalt für ihr gemeinsames Kind. Falls er nicht zahlt, droht ihm nach kolumbianischem Recht eine Gefängnisstrafe.

Der Matriarchatskongress 2013 war eine wichtige Zäsur, matriarchales Gedankengut neu zu reflektieren und neuen Antrieb für die Bewältigung des Alltags in Nashira zu geben. Das Symbol der

El Abra Matriglyph

III

Konferenz war das Matriglyph »El Abra« auf dem ersten Banner, das die Tagung einleitete. Es ist eine Felsritzung aus dem 12. – 10. Jahrtausend v. u. Z. aus der kolumbianischen Provinz Cundinamarca, einer der ältesten Besiedlungen des amerikanischen Kontinents. Mit ihren zum Himmel erhobenen Armen, ihren fest auf Mutter Erde verankerten Füßen und ausgestattet mit matriarchalen Symbolen hat dieses urzeitliche Bild der Göttin eine große Ausstrahlungskraft, so berichten die Teilnehmerinnen des Kongresses, die sie als spirituelle Energie wahrnahmen. Unter weiteren vierzehn Bannern mit Abbildungen von Göttinnen, drei davon aus der indigenen kolumbianischen Kultur, feierten sie Rituale in der Agora und reflektierten über ihr Frausein. Die Banner stammen von Lydia Ryule, einer bekannten US-amerikanischen Künstlerin, die sie der Tagung zur Verfügung stellte. Anschließend zogen die Frauen in einer Bannerprozession durch Palmira. In Cali ist der Salsa beheimatet. Diesen feurigen

Kinder von Nashira führen den Salsa Tanz während des Matriarchatskongresses auf

Rhythmus führte eine Kindertanzgruppe den Gästen vor. Der Hauptteil der Tagung war der Vermittlung und Diskussion zur Übertragbarkeit matriarchaler Strukturen auf Nashira gewidmet. Neben anderen, um nur zwei zu nennen, kamen die Matriarchatsforscherin Heide Göttner-Abendroth zu Wort, die in der Rückbesinnung auf matriarchale Werte die einzige Alternative zur gegenwärtigen Gesellschaftskrise sieht. Und Cecilia Keller vermittelte Heilmethoden matriarchaler Medizin, der sie sich seit ihrer Abkehr von der klassischen Medizin widmet.

Es stellte sich heraus, dass die Frauen von Nashira mit Matrilinearität, also der Verwandtschaftsdefinition über die Mutterlinie, aufgrund ihrer Erfahrungen eher negative Gefühle verbinden, sehen sie sich doch im Leben, wo Mädchen oft sehr jung schwanger werden, ungewollt in einen Mutter/Tochter/Enkelin Haushalt gestellt, alleingelassen von den Vätern. Mit Erzählungen aus der matriarchalen Vergangenheit kann diesen Frauen ein positives Bild matrilinear gelebten Lebens vermittelt werden. Auch der für das Matriarchat grundlegende Aspekt der Matrilokalität, dem Sitz der Mutterfamilie, wo Frauen nicht zum Vater ihrer Kinder ziehen, verlangt von den katholisch sozialisierten Frauen einen Umdenk- und Umfühlprozess. Ihnen wurde eingeprägt, dass Schwangerschaft außerhalb der Ehe, ja Sex überhaupt, Sünde sei. Sie haben eine Sexualmoral verinnerlicht, die nur für sie, nicht aber für den Mann gilt, was sie in ständige Gewissenskonflikte bringt. Dass sie diese Konflikte in der Realität austragen müssen, zeigt sich deutlich daran, dass 33 Prozent der Haushalte in Kolumbien ohne Vater leben. In Nashira werden sie darüber aufgeklärt, was die Gründe für diese Doppelmoral sind. Doch es ist ein langer Weg, bis das Gelernte in Fleisch und Blut übergeht.

Göttinfigur aus Ton der Kansaterwa Kultur *Krug mit »Brüsten« der Kansaterwa Kultur*

Bett des Magdalena Flusses im Gebirgsmassiv der zentralen Cordillera

Einen Bezug zu ihrer matriarchalen Vergangenheit auf eigenem Boden können die Frauen in der verschütteten Kansaterwa-Kultur – nach dem Fundort auch Malagana-Kultur genannt – finden, deren Zeugnisse erst vor 17 Jahren in nur einigen hundert Meter Entfernung von Nashira entdeckt wurden. Elsy hat mich dorthin begleitet. Ich bestaunte wunderbare, weiblich gestaltete Tonfiguren, Göttinnen, mit Brüsten verzierte Krüge, woraus Angela schließt, dass diese vor 2000 Jahren existierende Kultur die leben- und nahrungspendende Mutter Erde verehrte, also matriarchal war. Sie wurde von der kriegerischen Yotoco-Kultur überrannt.

Neun Stunden Busfahrt südlich von Cali ist der 78 Hektar umfassende, größte archäologische Park Kolumbiens, der »Parque Arqueológico de San Agustín«, der zum Weltkulturerbe zählt und wo vor 5000 Jahren zwei verschollene Kulturen lebten. Um dorthin zu gelangen, musste ich per Bus die westlichen Kordilleren überqueren, teils auf ungepflasterten Landstraßen. Als ich in San Agustín ankam, war mein Koffer in Staub gehüllt. Doch nach einer erholsamen Nacht in meiner Unterkunft Casa de François, zu der ein steiler Weg hochführt, war ich gestärkt genug, um den ersten Teil des dreiteiligen Parks zu durchwandern. Es wird vermutet, dass die etwa 500 aus Stein gehauenen Statuen, die Dolmen und Grabsteine, erst vom Anfang unserer Zeitrechnung stammen. Diese Wahrzei-

Anthropomorphe Steinskulptur

chen indigener Kultur werden meist auf Grabanlagen reduziert, doch wahrscheinlich hat es sich um eine matriarchale Kultur gehandelt, für die Leben und Sterben immer in einen natürlichen Kreislauf eingebettet sind. Fasziniert hat mich eine 4 m hohe Figur, »El Partero« (der Geburtshelfer; maskulin!) betitelt, und auch »El Obispo« (der Bischof) genannt. In einer Beschreibung las ich: »Anthropomorphe Figur, die ein Kind hält, darunter eine gebärende Frau. Der Geburtshelfer schaut nach Osten, wo die Sonne aufgeht, das Leben repräsentierend«. In einem Video zu dieser Steinfigur wird der »Partero« als Schamane bezeichnet, der als Geburtshelfer auftritt. Den Anthropologen scheint diese Skulptur ein Rätsel aufzugeben: »el misterio tallado en piedra«, also ein in Stein gehauenes Geheimnis. Doch was ist da so rätselhaft? Dass eine gebärende Frau dargestellt wird, vielleicht während und nach der Geburt in einer Skulptur vereint? Und wenn der obere Teil doch auf eine Person hindeutet, die ihr bei der

Die Autorin vor einem Dolmen mit Steinfigur

»El Partero«

Geburt hilft, dann wohl eher auf eine Schamanin.[67] Diese patriarchale Sichtweise bestimmt auch die offizielle Interpretation der Malagana-Kultur, die erst von den Frauen von Nashira revidiert wurde und mit deren Blick ich den archäologischen Park durchwanderte.

Etwas abgelegen von San Agustín führt ein Weg nach La Chaquira, wo die in Fels gemeißelte Sonnengöttin Chaquira zur imposanten Schlucht des Magdalena-Flusses deutet. Die im Park gelegene »Fuente de Lavapatas« (Fußwaschquelle) wird als ein ausgeklügeltes labyrinthisches Netz von Kanälen beschrieben, wo Wasser zwischen den Steinen, zu Tier- und Menschenformen bearbeitet, fließt – und wo rituelle Zeremonien abgehalten worden sein sollen. Einige Figuren in dem Wassernetz habe ich deutlich als weiblich wahrgenommen. Bei der Urgeschichtsforscherin und Anthropologin Marija Gimbutas lese ich, dass »Wellenlinien und konzentrische Bögen, die sich überall wiederholen (...) auf das umgebende Wasser« verweisen. Der konzentrische Kreis mit einem Punkt in der Mitte stehe für die Vulva. Diese Lebenssäulen, schreibt Gimbutas weiter, würden die lebenspendende Kraft der Göttin ausdrücken, die wie eine Welle unerschöpflich ansteigt und fließt (*Die Zivilisation der Göttin*, 305). Aus dem Blickwinkel von Gimbutas betrachtet glaube ich, dass wir die »Fuente de Lavapatas«, deren Deutung den Archäologen ebenfalls ein Rätsel aufzugeben scheint, entschlüsseln können.

Das Wort Labyrinth gibt mir das Stichwort, das mich zurück nach Nashira führt. Das Frauendorf beherbergt eine in den Boden eingelassene Doppelspirale, die die schwedische Landschaftsgestalterin Veronica Wimman entworfen hat und deren Begehung beim Matriar-

---

67 Die verschiedenen Versionen dieser Deutung, nur auf Spanisch zugänglig, können unter *Parque Arqueológico de San Agustín*, »el misterio tallado en piedra« im Internet aufgerufen werden.

Die Sonnengöttin La Chaquira bei San Agustín

Fuente de Lavapatas mit in Stein gehauenen Figuren

chatskongress eine rituelle Handlung darstellte. Die Doppelspirale war Teil ihres Projektes, zu dem auch das Pacha Mama Wasserbecken, die Agora und der Kinderspielplatz gehören. In einer Art Performance lehrte sie die Frauen, wie Keramik und Mosaikmuster hergestellt und praktisch umgesetzt werden. Auf dem Grund des Wasserbeckens entstand so eine wunderschöne, schwangere Mosaik-Wassernymphe. Angela sagte mir, sie hätte die Spirale, die die Frauen auf dem Kongress rituell begingen, für ein Labyrinth gehalten. Ich erklärte ihr den Unterschied zwischen Spirale und Labyrinth und gab ihr meine Abhandlung über die Geschichte des Labyrinths. Sie war sehr interessiert an dem matriarchalen Labyrinth, das Agnes Barmettler entworfen und im Zeughaushof Zürich mit weiteren Frauen verwirklicht hat. Da Angela im Juli/August 2014 in London war, bot ich ihr an, sie mit dem Labyrinth in Zürich vertraut zu machen – dem Pionierlabyrinth einer inzwischen Länder übergreifenden Labyrinthbewegung. Die Zürcherin Rosmarie Schmid und zwei weitere Labyrinthfrauen hatten sich freundlicherweise bereit erklärt, Angela durch ihr Labyrinth zu führen und ihr Konzept zu erläutern. Bei ihrem Besuch schenkten ihr die Labyrinthfrauen ihr Buch *Erzähl mir Labyrinth*, in dem ihre 20-jährige Labyrinth-Erfahrung zusammengetragen ist.[68] So ein Labyrinth möchte Angela nun auch in Nashira angelegt wissen innerhalb der Erweiterung des Geländes mit den neuen 47 Häusern. Agnes versprach, ihr den Plan zu liefern, und den Labyrinthbauer Erwin Reißmann konnte ich gewinnen, die architektonischen Maße bereitzustellen. In diesem geplanten Labyrinth mit der Göttin in der Mitte werden, so hofft Angela, die Frauen und Kinder von Nashira Rituale feiern, Treffen veranstalten und matriarchale Spiritualität vertiefen können.

---

68 Im Zürcher Labyrinth finden von Frauen organisierte Veranstaltungen statt. Hier treffen sich Menschen aus fremden Kulturen und Nachbar/innen, hier gibt es ein Erzählcafé, werden gemeinsam Pflanzen gepflegt, wird diskutiert, gesungen, getanzt, Rituale zu den Jahreskreisfesten und Lebensabschnitten gefeiert und vieles mehr.

Der Ursprung des Labyrinths ist im Schoß einer matriarchalen Kultur zu suchen. Es gilt als Symbol des Lebenszyklus, wo die Windungen die Lebensstationen und gleichzeitig den Rhythmus der Natur und des Kosmos nachahmen (Kern, *Labyrinthe*, 117).[69] Indem wir es begehen, finden wir den Weg nach innen zum eigenen Ich und nach außen zu den anderen Frauen – in einem Ritual, das Frauen aus matriarchalen Zeiten mit uns heute verbindet. Nashira kann als Beispiel dienen, ob und welche matriarchalen Werte ins 21. Jahrhundert hinübergerettet und neu belebt werden können.

---

69 *Labyrinthe* ist das Standardwerk über die Geschichte des Labyrinths weltweit. Über Labyrinthe aus matriarchaler Sicht gibt es inzwischen zahlreiche Veröffentlichungen, u. a. von: Heide Göttner-Abendroth: »Die Geschichte vom Labyrinth. Labyrinthische Muster im Matriarchat«, *Für Brigida. Göttin der Inspiration. Neun patriarchatskritische Essays und Thesen zum Matriarchat*, Frankfurt/M., 1998, 181-207. Auch möchte ich auf die Labyrinthkünstlerin Li Shalima hinweisen, die dieses Thema in Vorträgen, Seminaren, Publikationen, Filmbeiträgen, Bildern, Installationen sowie mit Labyrinthchoreografien und -ritualen vermittelt.

Mein Fazit

Durch Religion, Kunst und Sprache verweben wir uns Menschen mit der Natur, von der wir alle ein Teil sind. Die Botschaft der Kogi an die Welt, die Balance zwischen uns und der Natur zu bewahren bzw. wiederherzustellen – eine Harmonie, die sie an ihrem Beispiel vorzuführen suchen – möchte ich ergänzt sehen durch die Mitbeteiligung des weiblichen Geschlechts an der Knüpfung dieses kulturellen Gewebes. Nach Elizabeth Todd reicht es nicht, nur die ursprünglichen Bilder von der Fruchtbarkeit der Erde und Mutter Natur wiederzubeleben. Von diesen Bildern können Frauen sich inspirieren lassen, um sich aus der ihnen patriarchal zugeschriebenen Rolle zu emanzipieren und sich aktiv einzubringen in die Gestaltung der Welt. Denn es geht heute um nichts weniger als um das Überleben der Menschheit und des Planeten. Mit Ati Quigua vom Arhuaco Stamm und Carmen Ramirez Boscán von den Wayuu wollte ich ein Beispiel von Frauen statuieren, die in ihrer indigenen Tradition fest verankert sind. Als international auftretende Sprecherinnen, nicht nur für ihre Ethnie, sondern für uns alle, binden sie den naturbewahrenden Charakter ihrer Kultur ein in ihr Streben nach einer Versöhnung zwischen der Erde und der Menschheit, und transzendieren dabei Geschlechterrollen.

Bei den Kogi, einschließlich der Wiwa und Arhuaco, hat sich eine männliche Elite, die Mamos, herausgebildet, die die Geschicke ihrer Ethnie lenken, die sich dabei auf Mutter Erde berufen, ihre Frauen aber in die Passivität relegieren. Die Wayuu konnten ihre matrilineare Struktur, wenn auch geschwächt, in die Gegenwart hinüberretten, aus der die Wayuu Frauen ihre Stärke schöpfen. Sie sind es, die heute vorwiegend nach außen das Recht auf Selbstbestimmung ihrer Ethnie verteidigen. Es ist nicht unbedeutend, dass Wayuu Mädchen in Methoden der Geburtenverhütung eingeweiht werden, d. h. der Umgang mit ihrer Fruchtbarkeit in ihre eigenen Hände gelegt wird. Auf unsere global vernetzte Welt übertragen heißt das, dass die Verantwortung für das Bevölkerungswachstum in den Händen der Frauen besser angelegt wäre und es nicht zu den durch Technologie und Marktwirtschaft ausgelösten Auswüchsen eines unkontrollierten Wachstums kommen würde, wenn matriarchale Werte, propagiert von Frauen, in unserer Gesellschaft zum Tragen kämen.

Im Frauendorf Nashira werden matriarchale Werte aufgegriffen und für ein menschen- und umweltfreundliches Leben fruchtbar gemacht. Von dieser und anderen »Oasen« weiblicher Selbstbestimmung können Impulse in die Gesellschaft allgemein ausgehen, die sich in unser alltägliches Leben integrieren lassen.

Quellenangaben

zur Einleitung

Die Diskriminierung der Matriarchatsforschung, eine moderne Hexenjagd. Hsg. von der AutorInnengemeinschaft. Bern, 2003.

Namu, Yang Erche, und Christine Mathieu. *Das Land der Töchter. Eine Kindheit bei den Moso, wo die Welt den Frauen gehört.* Berlin, 2005.

Reeves Sanday, Peggy. *Women at the Center. Life in a Modern Matriarchy.* Ithaca, N.Y. 2002.

Sauter-Bailliet, Theresia. *Matriarchats-Nostalgie: Ein Besuch bei den Minangkabau auf Sumatra.* Euskirchen, 2013.

Wo die freien Frauen wohnen, ein Film von Uschi Madeisky u.a., © 2014.

zum Kapitel: Wiwa/Kogi

Amnesty International. »Menschenrechtler in Lebensgefahr«, Pedro Manuel Loperena, Kolumbien, 2013. Internet.

Corry, Stephen. »Kolumbianischer Indianer-Anführer entkommt knapp Mordanschlag.« *NEOpresse*, 12.11.2012. Internet.

Dames, Michael. *The Avebury Cycle.* London, 1977.

Driver, Oliver. »Don't meet the Kogi!« Lebensreisen-News, 2014. Internet.

Ereira, Alan. *The Heart of the World.* London, 1990.

dto. *Die großen Brüder.* Hamburg, 1995.

dto. »Alan's Colombia Diary«. <www.alunathemovie.com>

dto. »Report on Alan Ereira's visit to the Sierra, Feb. 2007«. Internet.

dto. *The Heart of the World – The Elder Brothers Warning.* BBC Movie, © 1990.

dto. *Aluna.* Film. DVD, © 2014.

Ferry, Stephen. »Sierra Nevada Indians, Keepers of the world.« *National Geographic Magazine.* Oct. 2004, 50-69.

Goethe Institut, *Indigene Völker, Repräsentanz und Technologie in Kolumbien,* 2002.

Göttner-Abendroth, Heide. *Das Matriarchat* II, 2. Stuttgart, 2000.

Julien, Eric. *Der Weg der neun Welten.* Saarbrücken, 2005.

Meyers Grosses Taschenlexikon. Eintrag: »Kultur«. Mannheim, 1995.

Reeves Sanday, Peggy. *Women at the Center, Life in a Modern Matriarchy.* Ithaca, 2002.

Reichel-Dolmatoff, Gerardo. »Die Kogi in Kolumbien«. *Bild der Völker,* Bd. 5. Wiesbaden, 1975, 168-173.

dto. »Training for the Priesthood among the Kogi of Colombia«. *Enculturation in Latin America. An Anthology.* Ed. Johannes Wilbert. Los Angeles, 1976, 265-288.

Tairona Heritage Trust. Tairona History. »The Kogi in the 20th century«.

dto. »Threats to Kogi society, and their response – the founding of Gonavindua Tairona«.

Tairona Heritage Trust. Tairona Culture. »Agriculture: Theory, Practise & the Mámas Role«.

dto. »Kogi Religion and Cosmology«.

dto. »Spirituality and Materiality«.

dto. »The Nuhue – the ›world house‹, ›men's house‹ or temple«.

dto. »The Role, and the Training, of the Mámas«.

dto. »Tribal Groups of the Sierra Nevada de Santa Marta in the 20th century«.

dto. »Women in Kogi society«.

Todd, Elizabeth. »The *Mamas* and the Papas: Goddess Worship, the Kogi Indians, and Ecofeminism«. *NWSA Journal,* Vol. 9,3, 1997, 77-88.

Várgas, Monica. »Los custodios de las semillas.« *Edición impresa de hoy,* 21.12.2013. Internet.

Wikipedia. »Arhuaco People«.

Wikipedia. »Kogi People«.

Wikipedia. »Wiwa.«.

Woelk, Ulrich. *Schrödingers Schlafzimmer.* München: Dtv, 2006.

Videos unter folgendem Eintrag aufzurufen:

Ati Quigua y el Mamo José Gabriel Alimako hablan de los Derechos de la Naturaleza.

Claudia Giron and Pilar Silva, CCAJAR.

Ikwashendwna, los salvaguardianes de la Madre Tierra.

Los Custodios de las Semillas.

Mamo Lwntana Nacoggi.

Oliver Driver, YouTube. *Urwaldkaffee – Hier rösten wir Café Kogi.*

Pedro Manuel Loperena, Amnesty International

Supreme Master TV. *The Way and Message of the Kogi people of Colombia.*
Alan Ereiras TV Interview mit Mamo Jacinto Zarabata.

dto. *Die Lebensart und Botschaft der Kogi Indianer Kolumbiens.*

The Black Line Ceremony.

zum Kapitel: Die matrilinearen Wayuu auf der Guajira Halbinsel

Delgado, Román und Luis Delgado. „Una sociedad regida por la sabiduría feminina: mujer, madre del linaje Wayúu. In: *Wayuunkaiki, El Periódico de los Pueblos Indigenas.* 30.8.2010.

Endres, Alexandra. »Kolumbien: ›Die Kohle ist blutbefleckt‹«. In: *Die Zeit,* Nr. 17, 24.4.2013.

Göttner-Abendroth, Heide. *Das Matriarchat* II,2. Stuttgart, 2000.

Guerra Curvelo, Weildler. *La disputa y la palabra: la ley en la sociedad Wayuu,* Mincultura, Bogotá, 2001.

Mancuso, Alessandro. »Relaciones de género entre los Wayúu: estado de la investigación y nuevos campos de análisis«. In: *AGUAITA. Revista del Observatorio del Caribe Colombiano,* Nr. 13-14, Juni 2006.

Perrin, Michel. »Guajiro«. In: *Encyclopedia of World Cultures,* 1996.

dto. *The Way of the Dead Indians: Guajiro Myths and Symbols.* Austin, 1987.

»Pilón de Azucar – Off2 Colombia«, Internet Eintrag.

Reichel-Dolmatoff, Gerardo. »Training for the Priesthood among the Kogi of Colombia«. *Enculturation in Latin America, An Anthology.* Hsg. Johannes Wilbert. Los Angeles, 1976, 265-288.

Reichel-Dolmatoff, Gerardo, Reichel-Dolmatoff, Alicia. *The People of Aritama: The Cultural Personality of a Colombian Mestizo Village.* London, 1961.

Tanner, Hans J. »Ethnologische Beobachtungen in der Guajira Halbinsel«. *Geographica Helvetica,* Bd. 5-6, Bern, 1950, 251-259.

Watson, Lawrence C. »The Education of the Cacique in Guajiro Society and its Functional Implications«. *Enculturation in Latin America, An Anthology.* Hsg. Johannes Wilbert. Los Angeles, 1976, 289-302.

Watson-Franke, Maria Barbara. »Die Bedeutung der Geschlechtsidentität in der ethnologischen Forschung«. *Männer Mythos Wissenschaft. Grundlagentexte zur feministischen Wissenschaftskritik.* Hsg. Barbara Schaeffer-Hegel, Barbara Watson-Franke. Pfaffenweiler, 1989, 67-82.

dto. »To Learn for Tomorrow: Enculturation of Girls and its Social Importance among the Guajiro of Venezuela«. *Enculturation in Latin America, An Anthology.* Hsg. Johannes Wilbert. Los Angeles, 1976, 191-212.

dto. »Guajiro-Schamanen: Kolumbien und Venezuela.« In: *Anthropos* 70, 1975, 194-207.

dto. »Maskulinität in matrilinearen Gesellschaften«. *Sie und Er. Frauenmacht und Männerherrschaft im Kulturvergleich,* Bd. 1. Hsg. Gisela Völger. Köln, 1997, 333-338.

dto. *Now you are a woman – Ahora eres una mujer.* Mexico City, 1983.

dto. »Social Pawns or Social Powers? The Position of Guajiro Women«. In: *Antropológica* 45, 1976, 19-37.

dto. *Tradition und Urbanisation. Guajiro-Frauen in der Stadt.* Wien, 1972.

dto. »A Woman's Profession in Guajiro Culture: Weaving«. In: *Antropológica* 37, 1974, 24-40.

dto. »Zur Desintegration eines matrilinearen Verwandtschaftssystems: Die Position des Mutterbruders bei den Guajiro«. In: *Antropológica* 25, 1970, 3-20.

Wikipedia. »Wayúu«.

Wikipedia. »Wayuu People«.

Wilbert, Johannes. »Guajiro Kinship and the Eiruku Cycle«. *The Social Anthropology of Latin America,* Oxford, 1970.

Videos (YouTube)

Colombia: La Fuerza de la Mujer Wayuu.

Karmen Ramirez Boscan at the Global Fund for Women 25th Anniversary Gala, 2013.

Una Mujer Palabrera, de Carlos Colmenarez.

Yonna, de Miguel Iván Ramirez Boscan.

zum Kapitel: Ein Besuch im Frauendorf Nashira

Dr. Cuevas de Dolmetsch, Angela. »Nashira, Building a New Matriarchal Society in Colombia«.Kongress-Matriarchatspolitik, *Matriarchale politische Praxis,* 2011.

Gimbutas, Marija. *Die Zivilisation der Göttin.* Frankfurt/M., 1996.

Kern, Hermann. *Labyrinthe.* München, 1999.

Parque Arqueológico de San Agustin, »el misterio tallado en piedra«. Internet.

Wikipedia, »Bewaffneter Konflikt in Kolumbien«.

Der spanische Originaltext des Manifestes

Manifiesto de las Mujeres del Siglo 21

Nosotros las mujeres del mundo que somos madres y tenemos madres manifestamos:

Los valores que enunciamos aquí son valores maternales, reconocidos y practicados por las sociedades matriarcales en todo el mundo: la ética del cuidado, la crianza, la necesidad de orientar, la capacidad de dar, la vocación de paz, la igualdad de genero, el respeto por la vida de todos los seres vivientes, lo sagrado de la Pacha Mama o Madre Tierra.

- La vida es sagrada. Las mujeres son sagradas y deben ser respetadas. Las niñas tienen derecho a la educación. La vida de los seres humanos, de los animales y de las plantas es también sagrada. No se tolerará nunca más el asesinato, la esclavitud, la violación de otros seres humanos ya sea que el actor sea un individuo, un estado, un ejército, una sociedad o una comunidad o un país. Tampoco se tolerará el maltrato o la tortura de los animales. Desde ya deben parar todos los homicidios.

- Nos proponemos derrocar todos los patrones sistémicos de violencia, y opresión y cambiarlos por el respeto, la libertad, la seguridad y el amor.

- La Pacha Mama es sagrada. No se permitirá nunca jamás derramar sustancias tóxicas o radioactivas. Los responsables serán obligados a reparar el daño.

- Los océanos son las entrañas de la vida. Las aguas están siendo destruidas por la acidificación causada por el Co_2, los depósitos de desechos químicos, las basuras flotantes, y ahora también contaminadas por altas dosis de radioactividad. Exigimos que no se destruyan más los océanos y que la vida marina se proteja. No más contaminación ni destrucción.

- Desde ya hacemos un llamado a todos los países para que remedien sus problemas de desechos nucleares y utilicen fuentes de energía que no sean tóxicas o contaminantes, junto con una reducción drástica del consumerismo energético. Es urgente que se protejan los bosques, las montañas y los ríos y que se respete el derecho ancestral de los pueblos a su territorio.

- La Pacha Mama comparte con generosidad sus recursos. Aquellos que tienen más de lo que necesitan deben compartir generosamente con los más necesitados. El consumo excesivo debe terminar.

- Valoramos el trabajo físico y hacemos un llamado a las gentes del mundo para que haya equidad en la remuneración laboral. Por igual trabajo igual pago, especialmente el trabajo no remunerado de las madres. Exigimos que todas las personas tengan asegurada su subsistencia, más allá de la retribución económica.

- Reiteramos que es una ofensa en contra de la humanidad y un peligro para la Madre Tierra, interferir con el funcionamiento normal del sistema planetario, ya sea para usos civiles o militares, como por ejemplo: la contaminación nuclear, la ingeniería geofísica, y la ingeniería genética. Rechazamos la geoingeniería que pretende manipular la circulación natural de la atmósfera (ionosfera) o al interior de la tierra (rotación) ya que esto constituye un riesgo letal para la biosfera. Exigimos que ese tipo de proyectos se discutan públicamente. No más secretos!

- Otorgaremos la Medalla del Matriarcado, como reconocimiento a la persona o grupo que cada ano realice el más importante cambio social en nuestra planeta, según la decisión que tome un jurado de matriarcas.

- La cultura creada por las mujeres es sagrada. Respetamos la diversidad cultural, especialmente la existencia de los grupos matriarcales en todo el mundo. Rechazamos la destrucción de las antiguas sociedades igualitarias y sus patrones culturales, que nos dan un importante ejemplo de comunidades bien balanceadas y dirigidas intencionalmente hacia la paz. Respetamos la herencia espiritual que nos llega de culturas matriarcales ancestrales y que nos ensena sobre la interconección entre todas las formas de vida en la tierra y en el universo.

Zur Autorin

Theresia Sauter-Bailliet, Germanistin, Romanistin, Amerikanistin, und vor allem Feministin, ist 1932 in Weingarten, Wttbg. geboren. Sie hat also noch den Zweiten Weltkrieg miterlebt, eine Erfahrung, die sie lebenslang begleitet, nicht nur, weil ihr rückblickend bewusst wurde, wie sich die Verführbarkeit des Menschen durch Propaganda und seine Anfälligkeit für Feindbilder auf die unbeschriebene Kinderseele
auswirken können, sondern auch, weil ihr in der Kriegs- und Nachkriegszeit Sparsamkeit, hartes Anpacken und Improvisation abverlangt wurde. Nur so schaffte sie es, mittellos in Großbritannien (Cardiff) von 1952-53 ihr Englischdiplom zu erwerben, in Paris von 1953 54 ihr Französischdiplom und 1956-1957 schließlich ein spanisches in Spanien. 1958 immigrierte sie in die USA. Dort und schon vorher in Deutschland war sie als Dolmetscherin tätig, bis sie 1960 an der University of Washington in Seattle ihr Studium aufnahm und 1969 mit einem Ph.D. abschloss. Inzwischen verheiratet, begann sie ihre Professorinnenlaufbahn am Allegheny College in Meadville und an der Loyola University in Chicago, folgte schließlich ihrem französischen Mann nach Paris, nahm – nach vergeblichem Bemühen um eine Professur in Paris – eine Stelle für Amerikanistik an der Rhein.-Westf. Technischen Hochschule Aachen an und pendelte von 1973-1997 zwischen Aachen und Paris hin und her. Aus ihrer Erfahrung in den USA mit »consciousness raising«, einer Verbindung zwischen akademischer Lehre und politischem Engagement, entstanden die ersten Seminare zu Frauenstudien an der RWTH Aachen. Die Frage nach den Ursachen der ungleichen Rollenverteilung zwischen den

Geschlechtern, die damals die Frauen beschäftigte, stand am Anfang ihres frauenbewegten gesellschaftspolitischen und akademischen Interesses, das zu einer umfassenden Patriarchatskritik führte, was sich in ihren vielen Seminaren, Vorträgen und Veröffentlichungen niederschlug, und dann schließlich in einer matriarchalen Spurensuche mündete. Sie wohnt heute im Hochschwarzwald bei Freiburg.

Ausgewählte Veröffentlichungen von Theresia Sauter-Bailliet

Bücher, Broschüren

Die Frauen im Werk Eichendorffs. Bonn, 1972. 240 S.

Frauen in Bewegung: Zur Geschichte, Bedeutung und Aktualität der Frauenemanzipation in den USA und Frankreich. Wiesbaden, 1981. 123 S.

Wie Kuan Yin, die chinesische Göttin der Barmherzigkeit, auf die Insel Putuoshan kam. Euskirchen, 2012. 29 S.

Matriarchats-Nostalgie: Ein Besuch bei den Minangkabau auf Sumatra. Euskirchen, 2013. 33 S.

Artikel und Essays

»L'Education Féministe aux Etats-Unis et ses Répercussions sur la Société«. *Diplômees*, 96 (1975), 182-89.

»Die Gretchen-Episode in Goethes *Faust*«. *Frauen und Wissenschaft*. Berlin, 1977, 248-57.

Schröder, Hannelore, Theresia Sauter. »Zur politischen Theorie des Feminismus«. *Aus Politik und Zeitgeschichte*, 3.12.1977, 29-54.

»Féminisme – Féministe: une Définition«. *Bulletin de Liaison du Parti Féministe*, 3 (1977), 12-18.

»Macht und Ohnmacht im häuslichen Bereich. Eine sozio- und psycholinguistische Literaturanalyse von Sue Kaufmans *Diary of a Mad Housewife*«. *Frauen als bezahlte und unbezahlte Arbeitskräfte*. Hg. Dolumentationsgruppe der Sommeruniversität. Berlin, 1978, 328-39.

»Sexismus in der Sprache: Am Beispiel des Englisch-Amerikanischen«. *Vorgänge*, 32 (1978), 73-83.

»Die Verwandlung von Schweigen in Sprache und Aktion«. *Frauenoffensive*, 11 (1978), 46-53.

»Historischer Abriß der Gleichberechtigungsbestrebungen: Frankreich – USA«. *Mitteilungsblatt des Deutschen Akademikerinnenbundes,* 55 (1979), 5-18.

»Das gemeinsame Programm der Frauen: Was französische Frauen vom Gesetzgeber fordern«. *Frauenprogramm.* Hg. von Marielouise Janssen-Jurreit. Reinbek, 1979, 314-23.

»Donner la vie: Législation à travers le monde: R.F.A.« *Choisir de donner la vie. Compte rendu du Colloque International de Choisir à L'UNESCO.* Paris, 1979, 164-72.

»Vom Studium für Frauen zu Frauenstudien: Women's Studies in den USA«. *Englisch-Amerikanische Studien,* 2 (1980), 168-83.

»Versuch einer feministischen Interpretation stereotyper Verhaltensformen in der amerikanischen Literatur«. *Frauen – Sprache – Literatur.* Hg. von Magdalene Heuser. Paderborn, 1982, 116-130.

»Die verdrängte, nicht zu verdrängende Literatur von Frauen. Am Beispiel USA«. *Feministische Literaturwissenschaft.* Hg. von Inge Stephan u.a. Berlin, 1984, 54-65.

»The Feminist Movement in France«. *The Women's Liberation Movement: Europe and North America.* Hg. von Jan Bradshaw. Oxford, 1982, 409-20.

Metz-Göckel, Sigrid, Theresia Sauter-Bailliet. »Frauenstudien in den USA und die Frauenbildungsbewegung in der BRD«. *Feministische Wissenschaft und Frauenstudium.* Hg. von Renate Duelli-Klein u.a. Hamburg, 1982, 3-23.

»Le Féminisme à l'Epreuve des Pouvoirs Socialistes dans le Monde. Intervention pour la RFA«. *Fini le Féminisme?* Hg. von Choisir. Paris, 1984, 279-85.

»Marge Piercy: *Woman on the Edge of Time* (1976)«. *Die Utopie in der angloamerikanischen Literatur.* Hg. von Hartmut Heuermann u.a. Düsseldorf, 1984, 349-370.

»Kämpfende Frauen in der Literatur. Am Beispiel Kamilla und Brünhild«. *Feministische Studien,* 3,2 (1984), 92-108.

»Lien entre Féminisme et Pacifisme dans les autres Pays: Allemagne Fédérale«. *Féminisme et Pacifisme: Même Combat.* Paris, 1985, 71-75.

»Joanna Russ, *The Female Man* (1975)«. *Der Science-Fiction-Roman in der anglo-amerikanischen Literatur.* Hg. von Hartmut Heuermann. Düsseldorf, 1986, 355-375.

»›Remember the Ladies‹: Die Proklamation von Frauenrechten in den USA, Frankreich und England«. *Frauen – Literatur – Revolution.* Hg. von Helga Grubitzsch u.a. Pfaffenweiler, 1992, 65-74.

»Dystopische Weltsichten, mit und ohne Hoffnung. Eine feministische Analyse moderner utopischer Romane von Burdekin, Orwell und Atwood«. *Feministische Erneuerung von Wissenschaft und Kunst.* Hg. von Margarethe Jochimsen et al, Pfaffenweiler, 1990, 213-223.

»Hat die Raumfahrt ein Geschlecht?« *Was eine Frau umtreibt.* Hg. von Anne Schlüter u.a. Pfaffenweiler, 1990, 213-223.

»Hat die Raumfahrt ein Geschlecht? SF-Spekulationen von Arthur C. Clarke und James Tiptree Jr«. *Das Science Fiction Jahrbuch.* Hg. von Wolfgang Jeschke. München, 1993, 331-27.

»Tiptree immortalized in Germany's *Frauen-Gedenk-Labyrinth:* A Personal Report«. Extrapolation, 44/1 (Spring 2003), 45-49.

»Von Frauenforschung zu Gender-Forschung zu Gender Mainstreaming. Kritische Anmerkungen«. *Konsens* 3-4, 2014, 42-46.

Weitere Bücher aus dem Christel Göttert Verlag

Als alle Menschen Schwestern waren von Irene Fleiss
Teil 1: Leben in matriarchalen Gesellschaften, ISBN 978-3-922499-84-8
Teil 2: Weiblichkeit in matriarchalen Gesellschaften – gestern und heute,
ISBN 978-3-922499-88-6

Am Herdfeuer. *Aufzeichnungen von einer Reise zu den matriarchalen
Mosuo* von Dagmar Margotsdotter, ISBN 978-3-939623-59-5

Dich liebt die Welt. *Geschichten aus dem Mutterland*
von Dagmar Margotsdotter-Fricke, ISBN 978-3-939623-47-2

Familie als Baustein der Gesellschaft. *Die europäische Kleinfamilie
und die matriarchale Großfamilie der Mosuo in China – (k)ein Vergleich*
von Fricka Langhammer, ISBN 978-3-939623-53-3

Die Ordnung der Mutter – Wege aus dem Patriarchat
Dokumentation des Internationalen MutterGipfels 2008
hg. von Uschi Madeisky, ISBN 978-3-939623-25-0

Was Philosophinnen über die Göttin denken
von Heide Göttner-Abendroth, Marit Rullmann, Annegret Stopczyk
ISBN 978-3-939623-00-7

Drache und Schlange – die heiligen Tiere der Göttin
Eine Wieder-Aneignung ursprünglicher weiblicher Symbole
von Edith Marmon, ISBN 978-3-939623-41-0

Ursymbol Labyrinth TÁ PU ÀT. *Ein philosophisches Bilder-Wandbuch*
von Li Shalima, ISBN 978-3-939623-52-6

Ave Dea. *13 Göttinnen der griechisch-römischen Mythologie neu begegnen*
Mit didaktischen Materialien von Ulrike Pittner und Ursa Krattiger
ISBN 978-3-939623-58-8

Die weibliche Seite der Ur- und Frühgeschichte
Mit besonderem Blick auf Hessen von Barbara Obermüller
ISBN 978-3-939623-46-5

Sie war umhüllt vom Duft wilder Nelken. *Mein PyrenäenBuch*
von Monika Auerbach, ISBN 978-3-922499-47-3

DVDs zu Matriarchaten
und Matriarchatsforschung

Wo die freien Frauen wohnen. *Vom Matriarchat der Mosuo*
von Uschi Madeisky, Daniela Parr und Dagmar Margotsdotter
ISBN 978-3-939623-51-9

Die Tochter. *Eine Clansaga aus dem Matriarchat der Khasi*
von Uschi Madeisky und Daniela Parr, ISBN 978-3-939623-30-4

Die Töchter der sieben Hütten. *Ein Matriarchat in Indien*
von Uschi Madeisky und Klaus Werner, ISBN 978-3-922499-91-6

Wo dem Gatten nur die Nacht gehört. *Besuchsehe bei den Jainta*
in Indien von Uschi Madeisky und Klaus Werner
ISBN 978-3-922499-93-0

Matriarchat der Mosuo. *Bilder eingefangen auf einer Forschungsreise*
der Akademie HAGIA nach Südchina im April 1993
von Heide Göttner-Abendroth, ISBN 978-3-939623-07-6 (VHS)

Das Jahr der Erde. *Matriarchale Mysterienfeste in der Akademie HAGIA*
von Uschi Madeisky und Gudrun Frank-Wissmann
DVD: ISBN 978-3-939623-10-6

Gesellschaft in Balance. *Dokumentation des 1. Weltkongresses*
für Matriarchatsforschung September 2003 in Luxemburg
von Uschi Madeisky und Gudrun Frank-Wissmann
ISBN 978-3-939623-08-3

Ein Leben für die Moderne Matriarchatsforschung. *Heide Göttner-*
Abendroth von Gudrun Frank-Wissmann, ISBN 978-3-939623-37-3

Im Internet finden Sie Informationen über unsere Bücher aus den
Programmschwerpunkten Frauengeschichte/Frauenbiografien, Matriarchats-
forschung/weibliches Wissen/Spiritualität, Philosophie und Politik der
Frauen, Frauenliteratur und Ratgeberinnen. Gern schicken wir Ihnen Flyer
zu Neuerscheinungen.

www.christel-goettert-verlag.de   info@christel-goettert-verlag.de